John Houghton
Was bringt *Harry Potter* unseren Kindern?

W0045371

*Für Alistair und Debbie,*
*Matthew und Sharon,*
*Steve und Emma,*
*die durch Liebe und Gebet*
*viele zur Weisheit anleiten.*


*Die Weisen und Verständigen aber werden leuchten*
*wie die Sonne am Himmel.*
*Und diejenigen, die vielen Menschen den richtigen Weg*
*gezeigt haben,*
*leuchten für immer und ewig wie die Sterne.*

*(Daniel 12,3)*

John Houghton

# Was bringt
# *Harry Potter*
# unseren Kindern?

*Chancen und Nebenwirkungen
des Millionen-Bestsellers*

Brunnen Verlag · Basel und Gießen

Die Deutsche Bibliothek – CIP-Einheitsaufnahme

**Houghton, John:** Was bringt Harry Potter unseren
Kindern? : Chancen und Nebenwirkungen
des Millionen-Bestsellers / John Houghton. –
Basel : Brunnen-Verl., 2001
ISBN 3-7655-5867-2

Die Bibelstellen sind, soweit nicht anders angegeben,
der Übersetzung *Hoffnung für alle* entnommen.

Titel der englischen Originalausgabe:
A Closer Look at Harry Potter
erschienen bei Kingsway Publications,
Lottbridge Drove,
Eastbourne, East Sussex, BN23 6NT, England
© 2000 by John Houghton

Aus dem Englischen von Christian Rendel

© 2001 by Brunnen Verlag Basel

Umschlag: Michael Basler, Lörrach
Bild: Kingsway Publications, Eastbourne
Satz: Bertschi & Messmer AG, Basel
Druck: Ebner Ulm
Printed in Germany

ISBN 3–7655–5867–2

# Inhalt

# Harry geht hogwärts

Stellen Sie sich vor, ein Baby entrinnt knapp dem Tod, als seine beiden Eltern einem Anschlag zum Opfer fallen. Das unglückliche Kind wird widerstrebend von seiner Tante und seinem Onkel, den fürchterlichsten Kleinbürgern, die man sich nur vorstellen kann, in Pflege genommen. Die beiden hassen den kleinen Jungen zutiefst und kommen überein, ihm nie etwas von seiner wahren Identität zu sagen.

Im Alter von elf Jahren erhält der Junge aus heiterem Himmel die Nachricht, dass er einen Platz in einem exklusiven Internat irgendwo im Norden Englands bekommen hat. Als er dort ankommt, findet er die ersten echten Freunde seines Lebens, und sie haben jede Menge Spaß zusammen. Im Lauf der Zeit stoßen sie auf ein finsteres Komplott zum Raub eines unschätzbaren Juwels, das im Schulgebäude versteckt ist. Der Möchtegern-Räuber entpuppt sich als kein anderer als der Mann, der die Eltern des Kindes ermordet hat und jetzt sein Werk vollenden will, indem er auch den Jungen umbringt.

Nun nennen Sie dieses Kind Harry Potter und

machen ihn zu dem begabten Sprössling einer Hexe und eines Zauberers, der ohne sein Wissen für eine große Zukunft prädestiniert ist, die noch offenbar werden wird. Geben Sie eine komplette Gesellschaft von Hexen und Zauberern dazu, die die magischen Künste beherrschen und insgeheim in einer phantastischen Welt agieren, die parallel zu der unseren besteht – allerdings so dicht bei uns, dass Ihr Nachbar ein paar Häuser weiter durchaus ein praktizierendes Mitglied sein könnte. Würzen Sie diese Handlung mit reichlich Humor und spielen Sie parodistisch mit den landläufigen Vorstellungen über Leute, die in Frösche verwandelt werden, und mit fliegenden Hexenbesen. Und währenddessen lassen Sie gleichzeitig eine düsterere Handlung ablaufen, in der gute Magie gegen böse Magie kämpft.

Wie sich herausstellt, ist Voldemort, der Erzschurke und Mörder von Harry Potters Eltern, durch seinen Versuch, das Baby zu töten, stark geschwächt worden. Denn dem Kind war durch den Tod der Mutter eine besondere, unerwartete Kraft zugeflossen. Doch Gerüchte besagen, dass Voldemort danach trachtet, erneut auf den Plan zu treten. Und obwohl die meisten Hexen und Zauberer in dieser Gesellschaft Magie nur zu guten Zwecken einsetzen, gibt es auch einige, die zur Dunklen Seite übergelaufen sind und Voldemort bei seinen niederträchtigen Plänen behilflich sind.

Harry Potter befindet sich in Hogwarts, einem Internat für junge Zauberer. Dorthin gelangt er zusammen mit den anderen Zauberschülern vom Gleis neundreiviertel des Bahnhofs King's Cross in London, einem verzauberten Durchgang zu einer nostalgischen Welt der Dampflokomotiven, einem unheimlichen See und einem Schloss mit Türmen, voller großer Säle und geheimer Gänge, umgeben von einem finsteren Wald. Das Juwel, um das es geht, ist der Stein der Weisen, und Harry tritt mit Hilfe seiner Freunde und des ihm wohlgesonnenen Leiters der Schule der Inkarnation Voldemorts, der sich in einem der Lehrer manifestiert, entgegen und besiegt ihn.

So beginnt die *Harry Potter*-Serie von Joanne K. Rowling – und so beginnt auch die größte Kinderbuch-Erfolgsgeschichte aller Zeiten. Bislang haben die ersten vier Bände der auf sieben Teile geplanten Reihe alle Verkaufsrekorde gebrochen. Und sie haben Kinder, Eltern, Lehrer und Verleger gleichermaßen in Entzücken versetzt – und außerdem die Verfasserin zu einer sehr wohlhabenden und weltweit angesehenen Schriftstellerin gemacht.

Das alles hört sich wie ein netter, harmloser Spaß und ein Glücksgriff der Autorin an. Doch während die Welt applaudiert, sind die Christen ganz unterschiedlicher Meinung, und viele fordern sogar, die Bücher aus staatlichen Schulen und öffentlichen Büchereien zu verbannen. Schließlich handle es sich um Bücher über Zauberei, und die Heilige Schrift mache eindeutig klar, dass es streng verboten ist, sich mit dem Okkulten zu beschäftigen.

Das amerikanische Magazin *Family Friendly Libraries* äußert sich vernichtend über die Bücher: «Harry ist ein Magier, sein Vater war ein Magier und seine Mutter war eine Hexe.» Und später heißt es: «Die *Harry Potter*-Serie ist auf die dunkle Seite der Religion ausgerichtet ... Die Kraft liegt in selbstbezogener heidnischer Verehrung und Magie, nicht in dem gerechten Gott der großen Weltreligionen» (Karen Jo Gounaud, «Sollte *Harry Potter* in öffentlichen Schulen angeschafft werden?», Oktober 1999). *FFL* hält die Bücher für eine ungeeignete Lektüre für staatliche Schulen.

So weit würden nicht alle gehen. Lindy Beam, Jugendkultur-Expertin bei *Focus on the Family*, nimmt eine tolerantere Haltung zu der Serie ein und meint: «Kinder, die über Harry lesen, werden wohl wenig bis gar nichts über die wirkliche Welt des Okkulten erfahren.» Sie zitiert Charles Colson, der die Magie bei Rowling als «rein mechanisch, im Gegensatz zu okkultistisch» beschreibt. Dennoch moniert sie, Zauberei werde «positiv dargestellt», und findet, «die geistliche Unzulänglichkeit von Harry Potter» liege nicht so sehr darin, dass «er dunklen übernatürlichen Kräften in die Hände spielt. Sondern sie liegt darin, dass er überhaupt keine übernatürlichen Kräfte und keine moralische Autorität kennt» (*Plugged In – What shall we do with Harry?* Juli 2000).

Wenn solche Ansichten im Umlauf sind, kann es kaum überraschen, dass einige christliche Buchhändler sich trotz der immensen Beliebtheit der Bücher weigern, sie in ihre Regale zu stellen. Nach Berichten und Interviews von der Konferenz der Christian Booksellers Association 2000 in New Orleans reichen die genannten Gründe von dem Grundsatz, nur auf der Bibel basierende Schriften zu vertreiben, bis hin zu der Besorgnis, *Harry Potter* könnte einen leicht gangbaren Weg in die Zauberei bereiten.

Was immer man als Christ sagt oder tut, Tatsache ist, dass unsere Kinder es schwer haben dürften, dem Harry-Potter-Phänomen völlig aus dem Weg zu gehen, selbst wenn sie es wollten. Harry-Potter-Schulprojekte, dazu die noch zu erwartenden drei Folgebände, ein Kinofilm, Spiele, Merchandising, Fernsehsendungen, Webseiten – dies ist ein weltweites Riesengeschäft, und man kann es nicht einfach ignorieren.

Es sind die phänomenalen Verkaufszahlen und das unglaubliche Interesse, die es notwendig machen, dass wir Christen *Harry Potter* näher unter die Lupe nehmen. Um so mehr, als die säkulare Welt diese Kinderbücher über Hexen und Zauberer, die sich mit Moral, Spiritualität und dem Konflikt zwischen Gut und Böse befassen, zu Beginn offenbar weitgehend unkritisch aufgenommen hat. Als Menschen, die sich in unserer Gesellschaft einem christlichen Gedankengut und christlichen Werten und Traditionen verpflichtet fühlen, dürfen wir aber sagen: Dies ist nun gerade *unser* Territorium, und es ist unsere Aufgabe, uns zu solchen Dingen zu äußern!

Ziel dieses Buches ist es, einige der Kernfragen zu betrachten, die durch die *Harry Potter*-Bücher aufgeworfen werden. Es sind Fragen, die alle christlich orientierten Eltern, Großeltern, Tanten und Onkel, Kinder- und Jugendmitarbeiter und Lehrer verstehen müssen, wenn sie eine geisterfüllte Generation von Kindern heranziehen wollen, die Gott lieben und die ihre Nächsten lieben.

Wer allerdings bei der Lektüre meines Buches auf eine pauschale Verurteilung der *Harry Potter*-Bücher aus ist, sollte besser anderswo suchen; hier werden Sie bestimmt enttäuscht werden. Wer aber zwischen Gut und Böse in unserer heutigen Generation unterscheiden will und kulturell versierte, urteilsfähige und an Gott orientierte Kinder heranziehen möchte – nämlich Kinder, die fähig sind, sich ohne Reue an schönen Dingen zu freuen, und die einen positiven Einfluss auf ihre Welt ausüben können –, der sollte weiterlesen. Irgendjemand muss schließlich das Denken unserer Kinder formen und prägen.

John Houghton
im Januar 2001

# Erstes Kapitel

# Für bare Münze

Wir dürfen Joanne K. Rowling dankbar sein. Denn die *Harry Potter*-Bücher mit ihrem Gemisch von Wertvorstellungen und ihrer breiten Popularität bieten uns eine der besten Gelegenheiten seit Jahren, unsere Urteilskraft über den Zeitgeist auszuüben und die Bedeutsamkeit der Botschaft des Evangeliums im Zusammenhang mit unserer zeitgenössischen Kultur zu prüfen.

Zunächst einmal ist es nur recht und billig, wenn wir die Geschichten und ihre Verfasserin für bare Münze nehmen.

Joanne Rowling ist ohne Zweifel eine begabte Schriftstellerin, die eine Serie sehr gut zu lesender Bücher produziert hat, die bei Kindern und Erwachsenen gleichermaßen auf große Begeisterung gestoßen sind. Von ihrem eigenen, sehr unauffälligen Hintergrund spricht sie mit einer sympathischen Bescheidenheit. Geboren in Chipping Sodbury in der englischen Grafschaft Wiltshire, besuchte sie die Wyedean Comprehensive School, bevor sie an die Universität Exeter ging, um Französisch zu studieren. Im Alter von sechsundzwanzig Jahren ging sie ins Ausland, um in Portugal Englisch als Fremdsprache zu unterrichten. Dort heiratete sie und bekam eine Tochter.

Rowlings Leben nahm dann aber eine unerfreuliche Wendung, und sie fand sich geschieden und auf Sozialhilfe angewiesen, doch immerhin voller Entschlossenheit, den ersten *Harry Potter*-Roman zu vollenden, im schottischen Edinburgh wieder. Ihr nun folgender Aufstieg zum Ruhm ist der Traum eines jeden angehenden Autors: Dank einem Verleger, der phantasievoll genug war, für eine neue Autorin ein Risiko einzugehen, und der bereit war, sich die Mühe einer guten Vermarktung zu machen, gelangte sie binnen kurzer Zeit von Armut zu Wohlstand. Den überwältigenden Erfolg ihres Werks beobachtet sie selbst mit leicht ironischer Verblüffung.

Die Bücher selbst, ursprünglich für die Leserschaft der Acht- bis Vierzehnjährigen gedacht, aber von vielen Erwachsenen ebenso begeistert gelesen, sind gut geschrieben. Sie sind unterhaltsam, witzig und phantasievoll, und sie lassen sich sehr angenehm lesen. Joanne Rowling hat die seltene Gabe einer guten Schriftstellerin: Sie regt die Phantasie des Lesers dazu an, sich bildlich vorzustellen, worüber sie schreibt. Ihr visueller und witziger Stil lässt die groteske Familie Dursley, die altmodische Dampfzugfahrt zu dem düsteren Schloss, die sich bewegenden Gestalten in den Bildern an den Wänden, den magischen Bankettsaal mit seiner sich ständig verändernden Decke, das verrückte, hoch in der Luft ausgetragene Ballspiel Quidditch, die mitten in London versteckte «Winkelgasse» der Zauberer mit ihren seltsamen, wunderbaren Geschäften und vieles andere mehr vor den Augen der Leser sichtbar werden.

Zudem schreibt sie mehr als nur einfache Abenteuergeschichten, denn ihre Figuren sind nicht die vorhersagbaren Superhelden Hollywoods, die jeden, der ihnen querkommt, mit Laserkanonen abknallen wie intergalaktische Cowboys und Indianer, garniert mit ein paar abgedroschenen, sentimentalen Klischees, um der Handlung ein bisschen Pseudo-Tiefe zu verleihen. Harry Potters Welt ist eine Welt moralischer Werte und Konflikte, in der Grenzen gezogen werden zwischen Gut und Böse und in der das Gute am Ende siegt, weil es einen Unterbau von Wertvorstellungen gibt, der es so will.

Dazu kommt: Die Triumphe werden nicht billig erkauft; es ist ein Preis dafür zu zahlen, Lektionen sind zu lernen und Entscheidungen sind zu treffen, mit deren Konsequenzen man anschließend leben muss. Als Harry zum Beispiel unter dem Sprechenden Hut steckt, der die neuen Schüler auf die vier Häuser von Hogwarts verteilt, erscheint ihm das zwielichtige Haus Slytherin als eine Möglichkeit. Doch er fleht innerlich, nicht dorthin geschickt zu werden. Stattdessen wird er dem Haus Gryffindor zugeordnet, das durch den Mut seiner Schüler charakterisiert ist. Dumbledore erklärt ihm: «Viel mehr als unsere Fähigkeiten sind es unsere Entscheidungen, Harry, die zeigen, wer wir wirklich sind.»

Das gibt den Erzählungen eine realistische

Schärfe. Harry Potter ist nicht vollkommen. Bisweilen lügt er und übertritt Vorschriften. Sein Charakter wird geformt, indem er lernt, richtige Entscheidungen zu treffen, und manchmal macht er dabei auch Fehler. Gerade seine menschlichen Schwächen sind es, die ihn so anziehend machen und die ihn krass abheben von seinen «Muggel»-Verwandten und jenen, die den Dunklen Mächten dienen – beiden fehlen Menschlichkeit und Tugend. Harry Potter ist verwundbar, oft empört über das Los, das ihn getroffen hat, und er fühlt sich ohnmächtig angesichts von Ereignissen, die sein Verständnis übersteigen. Viele Kinder können sich mit ihm identifizieren.

Ein starker Nachdruck liegt auch auf der schützenden Kraft der Liebe. Harrys Eltern haben ihr eigenes Leben geopfert, um ihn zu retten, als er ein Baby war. Und die Erinnerung an ihre Hingabe inspiriert ihn nicht nur bei seinen eigenen Kämpfen, sondern sie ist auch die Quelle eines Großteils seiner Kraft. Dazu wieder sein Mentor Dumbledore: «So tief geliebt worden zu sein, selbst wenn der Mensch, der uns geliebt hat, nicht mehr da ist, wird uns immer ein wenig schützen.»

Mit einem solchen Gedanken der Liebe können sich Christen leicht anfreunden. Ebenso zeigt die loyale Art, wie Harry von der Familie Weasley und von seinen engsten Freunden Ron und Hermine aufgenommen wird, die Stärke echter Freundschaft. Und selbst da, wo diese Freundschaft durch Missverständnisse auf die

Probe gestellt wird, geht sie am Ende stärker denn je zuvor aus derselben hervor.

Dieses Wertgefüge im Hintergrund ist es, das dazu beiträgt, diese Bücher weit über die üblichen Abenteuergeschichten für Kinder hinauszuheben. Denn obwohl sie auf einer bestimmten Ebene eine Satire auf das britische Schulsystem früherer Zeiten sind – eine Satire, die all die stereotypen Lehrer- und Schülerfiguren verwendet und mit ebenso ansteckendem Humor erzählt wird wie die *Jennings*-Geschichten von Anthony Buckeridge –, sind sie auf einer anderen Ebene mythisch und lehrreich. Wie alle, die auf der Suche nach ihrem Heiligen Gral sind, wird Harry Potter als ein Kind mit einer Bestimmung dargestellt, das auf die klassische Reise der Selbstentdeckung geht, in der sich viel von unser aller Leben widerspiegelt:

Wie alle solchen Wanderer wird Harry von wütenden Gegnern angegriffen, von strengen Hütern herausgefordert und von weisen Mentoren mit tatkräftiger Hilfe unterstützt. Doch den schwersten Prüfungen, den wichtigsten Entscheidungen muss er sich stets alleine stellen. Die Geschichten sind hochdramatisch: Wir alle wollen herausfinden, was aus unserem Helden wird. Und wir alle wissen, dass der Ausgang mehr von der Qualität seines Charakters abhängen wird als von den Fähigkeiten, die er sich angeeignet hat, um seine Feinde zu überwinden.

Rowlings lebhafte Phantasiewelt mit ihren augenblicklich herbeigezauberten Speisen, lebendigen Gemälden, verzauberten Süßigkeiten,

Passwörtern zu geheimen Orten, verrückten Kreaturen, fliegenden Autos, Goldschätzen, in der Luft ausgetragenen Spielen mit intelligenten Bällen und Abrakadabra-Zauberstäben hat noch einen weiteren Positivpunkt, der für sie spricht: Sie berührt ganz direkt unsere Wunschträume. Geschaffen mit viel Einfallsreichtum und Humor – ihre Wortspiele mit Namen sind im Englischen wunderbar! –, bietet sie uns eine großartige Fluchtmöglichkeit aus dem Alltag!

Steckt noch mehr dahinter? Solche Geschichten hätte man sich ja auch einfallen lassen können, ohne auf Hexerei zurückzugreifen. Wie wir später sehen werden, ist die Handlung nicht sonderlich neu, wenn auch die Autorin ihre ganz eigene Vorstellungskraft in das Thema eingearbeitet hat. Genauso gut hätte Harry Potter aber auch entdecken können, dass er einem besonderen Stamm oder Orden angehört und dazu bestimmt ist, als Befreier seines Volkes heranzuwachsen. Nachdem er in dessen Kultur und Fähigkeiten geschult worden wäre, hätte er seinen Feinden mit Waffen entgegentreten können, die wie Magie funktionieren, aber nicht im eigentlichen Sinne magisch sind. Fortschrittliche Technik und der Einfallsreichtum von Kindern hätten für den nötigen Glitzer und Witz sorgen können. Der moralische Hintergrund hätte genauso klar sein können, die Phantasie genauso reich ...
Es gibt doch viele, viele Möglichkeiten, solche Geschichten zu erzählen. Warum also ausgerechnet Zauberei? Steckt da vielleicht eine

finstere Machenschaft dahinter? Vielleicht sogar die bewusste Absicht der Autorin, Kinder zum Okkulten zu verführen?

Manche fundamentalistischen Christen scheinen dieser Ansicht zu sein. Und einige von ihnen haben sich zum Narren gemacht und der Glaubwürdigkeit des Evangeliums beträchtlichen Schaden zugefügt, indem sie haltlosen, sensationell daherkommenden Unsinn, der aus nicht jugendfreien satirischen Quellen stammte, so zitierten, als ob er die reine Wahrheit und O-Ton Joanne Rowling wäre. Für solche Dummheiten sollten Christen sich schämen. Mag die Welt sie auch manchmal niederträchtig verleumden, aber sie sollten nicht mit gleicher Münze zurückzahlen.

Joanne Rowling hat geäußert, dass sie aus purem Spaß an der Freude schreibt. Eine Geschichten-Erzählerin von Kindesbeinen an, schrieb sie den ersten *Harry Potter*-Band, weil das die Art von Geschichte war, die sie gerne schreiben wollte. Das gesamte Konzept für die Serie kam ihr voll ausgeformt in den Sinn, sagt sie. Manche christlichen Kritiker haben dies sofort als okkulte Offenbarung etikettiert, dem automatischen Schreiben ähnlich.

Doch Tatsache ist, dass die meisten Autoren phantasievoller Erzählungen *ähnliche Erfahrungen* machen. Das ist nun einmal die Art, wie die Gabe des Geschichten-Erzählens funktioniert. Und es ist genauso wenig okkult, wie wenn ein Ingenieur sich, sagen wir, ein Düsenflugzeug oder ein Luftkissenboot einfallen lässt. Keine dieser technischen Errungenschaften wäre möglich gewesen, ohne dass das gesamte Bild zuerst in der Vorstellungskraft des Erfinders Gestalt angenommen hätte. Ja, wie wir im nächsten Kapitel sehen werden, ist diese Fähigkeit, vollständige Geschichten und Strukturen zu sehen, sogar eines der Kennzeichen, das eine Tatsache demonstriert: die Tatsache nämlich, dass wir nach dem Bild Gottes geschaffen sind, der ja selbst das ganze Universum erdachte, bevor er es schuf.

Mrs. Rowling selbst hat deutlich gemacht, dass sie nicht an die Magie glaubt, die in ihren Büchern zu finden ist. Sie sagt auch klar, dass sie keinerlei Absicht hegt, Kinder zur Zauberei zu verführen. Zum Beispiel wird sie in einem Interview mit der Zeitschrift *USA Weekend* vom 12. November 1999 mit den Worten zitiert: «Ich versuche niemanden zur schwarzen Magie zu verleiten. Das ist das Letzte, was ich wollen würde ... Meine Zauberer-Welt ist eine Welt der Phantasie. Ich glaube, es ist eine Welt der Moral.»

Damit sind die *Harry Potter*-Bücher selbstverständlich noch lange nicht aus dem Schneider. Die Autorin hat sicherlich keine zwielichtigen Absichten, aber ihre Werke werfen dennoch einige berechtigte Fragen bezüglich der Werteverschiebung in unserer zeitgenössischen Kultur auf. Und es wird sich sicher lohnen, einmal die Art und Weise und das Maß zu untersuchen, wie die Bücher diese Werte widerspiegeln und verstärken.

Manche dieser Verschiebungen sind positiv, andere äußerst beunruhigend, besonders dort, wo sie unsere Kinder betreffen. Wir müssen uns bewusst machen, was da in ihre so ungemein fruchtbare Einbildungskraft eingepflanzt wird und wie sich diese Dinge auf ihr zukünftiges Leben auswirken werden. Eines ist sicher: Kinder können nicht in einem moralisch und geistlich neutralen Universum aufwachsen. Dieser Mythos ist nun wirklich passé, und nur Narren und fromme Fanatiker glauben noch daran.

Genauso sicher ist, dass unsere Kinder stärker durch das beeinflusst werden, was in ihre Phantasie einfließt, als durch irgendeine Kette logischer Argumente – wie schlüssig sie auch immer vorgetragen werden mögen. Es ist eine Tragödie, dass dieser Gedanke bei vielen Christen schon von vornherein Unbehagen auslöst. Und darum müssen wir uns damit beschäftigen, indem wir einen Blick auf das Phänomen der Phantasie und Einbildungskraft selbst werfen.

# Zweites Kapitel

# Pure Einbildung

Es ist kaum anzunehmen, dass Regenwürmer Rollenspiele spielen. Und falls sie es doch tun, schweigen sie sich darüber ziemlich aus. Nicht so aber manche anderen Geschöpfe Gottes: Viele Tiere haben einen Instinkt zum Rollenspiel, der für ihr Überleben entscheidend ist. Ob es sich nun um junge Hirsche handelt, die ihre Geweihkämpfe üben, oder um Löwenjunge eines Rudels, die miteinander balgen. Auf diese Weise lernen sie, sich gegen Raubtiere zu verteidigen, und entwickeln ihre Geschicklichkeit für die Jagd. Das Hauskätzchen lernt mit dem Wollknäuel, wie man Mäuse jagt, selbst wenn es nichts anderes aufzuspüren hat als die Schüssel Whiskas in der Küche.

All dies beruht jedoch auf dem Instinkt, nicht auf der Einbildungskraft. Menschenkinder sind da anders: Zwar spielen auch wir, wie die Tiere, Spiele, die uns grundlegende Überlebensfertigkeiten lehren, wie etwa Kriegstänze oder Monopoly – je nach den Bedürfnissen der menschlichen Gemeinschaft, der wir angehören –, aber wir beschäftigen uns auch mit dem Spielen auf einer ganz anderen Ebene, und der Grund dafür liegt in dem, was wir sind.

Gott hat uns nach seinem Bild geschaffen. Das bedeutet, dass wir das Produkt von Gottes eigener Einbildungskraft sind. Was er in seinem Geist sah, das hat er gemacht. Es bedeutet außerdem, dass wir ein lebendiges Abbild dessen sind, wie Gott ist: Treten Sie durch die Tür einer menschlichen Persönlichkeit ein, und Sie werden göttliche Wesensmerkmale finden. Dazu gehören die Fähigkeit, Ideen zu haben, der Gebrauch der Sprache, die Tugend der Liebe – und die Einbildungskraft oder Phantasie.

Dass wir dieses Bild in uns tragen, macht uns einzigartig in der Schöpfung. Das ist es, was dem Psalmisten den ehrfurchtsvollen Ausruf entlockte: «Wie klein ist da der Mensch! Und doch beachtest du ihn! Winzig ist er, und doch kümmerst du dich um ihn! Du hast ihn zur Krone der Schöpfung erhoben und ihn mit hoher Würde bekleidet. Nur du stehst über ihm!» (Psalm 8,5–6).

Da wir nach dem Bild des großen Bildners geschaffen sind, verfügen wir über diese einzigartige, erstaunliche Fähigkeit, uns auch selbst Dinge «einzubilden». Wir können in unserem Geist Bilder formen und durch Kunst und Handwerk, besonders aber durch Worte, diese Bilder an andere übermitteln, so dass sie sie ebenfalls in ihrem Geist sehen können. Darf ich Sie schnell in so ein Bild entführen?

«Ein blasser, goldener Nebel lag über den feuchten Feldern, und die frühe Morgensonne hing dicht über dem Horizont wie eine Scheibe aus purpurrotem Feuer, die Sarahs blondes Haar wie poliertes Gold erglänzen ließ und ein leises Erröten auf ihre honigfarbenen Wangen küsste. Noch warm von ihrem Schlummer, öffnete sie das Flügelfenster, lächelte ihr heiteres Lächeln und sog die kühle Luft ein. Sie duftete würzig nach dem frühen Herbst wie gekühltes Preiselbeersorbet, übergossen mit Wein. Üppig lag das rote Laub in aufgewirbelten Verwehungen unter den windlosen Bäumen, und Spinnennetze, schwer beladen mit funkelndem Tau, hingen wie Diademe an den dunklen Brombeersträuchern. Irgendwo jenseits der Sümpfe stieg ein Schwarm von Kanada-Gänsen in die Morgendämmerung auf. Ihr fernes, klagendes Geschrei drang durch den Nebel, und Sarah wurde von einer sanften Trauer um die Erinnerung vergangener Sommer erfüllt.»

*(The Oswain Tales)*

Wenn wir solche Figuren und ihre Rollen erschaffen, geht das über das schiere Überleben oder bloße Unterhalten hinaus. Unsere Geschichten und Bilder versetzen uns in die Lage, moralisch und geistlich über uns selbst zu reflektieren. Ohne sie hätten wir weder Zivilisation noch Gesellschaft. Die Künste – Malerei, Musik, Drama, Architektur, Bildhauerei und Erzählkunst – sind der Beweis für unser Menschsein. Sie sind die Demonstration, dass wir nach dem Bild Gottes geschaffen sind. Affen bauen keine Kathedralen, rezitieren nicht Shakespeare und komponieren auch keine Symphonien.

Darum können wir Menschen nicht ohne unsere Geschichten leben, ob sie nun aus dem Leben gegriffen oder völlig ausgedacht sind. Und darum hat jede Gesellschaft ihre Folklore voller Helden und Schurken, Abenteuer und Heldentaten, Gesetze und Lektionen. Und je lebhafter und packender diese sind, desto besser. In der westlichen Kultur lehren uns alte Lieblingsgeschichten wie *Robin Hood,* dass man der Obrigkeit widersprechen muss, wenn sie tyrannisch wird, dass die Reichen eine Verantwortung gegenüber den Armen haben und dass die Kirche nicht der nachgiebige Lakai des Staates sein darf. Sehr britisch, diese Gedanken!

Die Geschichten von König Artus und den Rittern der Tafelrunde haben die Idee der christlichen Ritterlichkeit zutiefst geprägt. Sie spiegeln jedoch ebenso das heikle Wechselspiel zwischen Christentum und Heidentum in der vorwissenschaftlichen britischen Kultur wider. In diesen Erzählungen weben Liebe, Tod und Schicksal ihr filigranes Netz in einer Welt, die sich noch nicht so ganz schlüssig ist, wo denn die Wahrheit liegt.

Das Märchen von *Aschenputtel* erinnert die Unterdrückten daran, dass manchmal tatsächlich Wunder geschehen und Träume wahr werden können. Wie viele Mädchen hoffen deswegen auf ihren Prinzen! Wir könnten endlos weiter aufzählen: Grimms Märchen und Äsops Fabeln mit ihren moralischen Lehren und Warnungen, *Huckleberry Finn,* der den unsicheren Übergang des amerikanischen Volkes in eine Nation widerspiegelt, ganz zu schweigen von Shakespeares Dramen oder Charles Dickens' *Oliver Twist* und *Eine Weihnachtsgeschichte* (*A Christmas Carol*). Wobei die letzten beiden Beispiele den Prozess der sozialen Reformen illustrieren, der durch die christlichen Erweckungen des neunzehnten Jahrhunderts ausgelöst wurde.

Diese Bilder und Erzählungen prägen nicht nur unseren eigenen Charakter, sondern auch den nationalen und zunehmend sogar den internationalen Charakter. Das geht so weit, dass wir heute einen Begriff wie «westliche Kultur» verwenden können. Keiner von uns bleibt davon unberührt. Was im Erwachsenenleben aus uns wird, ist zutiefst beeinflusst von den Bildern, die wir in unserer Kindheit erleben, und der emotionalen und geistlichen Wirkung, die diese Bilder auf unser Denken haben.

Das hört auch mit dem Übergang ins Jugendalter nicht auf. Was wir als Erwachsene sind, wird auch weiterhin von den Geschichten unserer Zeit geprägt. Infolgedessen werden wir eher der Bildergeschichte in unseren Köpfen Glauben schenken als irgendeiner neuen Lehre oder einem neuen Gedankengebäude, so logisch es auch vorgetragen werden mag – einem Gedankengebäude jedenfalls, dem es nicht gelingt, ein stärkeres, dominanteres Bild in unsere Gedanken einzupflanzen. Das ist eine Beobachtung, die übrigens auch der Werbeindustrie nicht entgangen ist!

Wir leben in einer Welt, die nicht nur mit Bildern gesättigt ist, sondern auch mit einer unermesslichen Zahl von Geschichten, die das Bilderhaus unseres Geistes erleuchten. Darum ist es unerlässlich, dass wir die Werte dieser Bilder und Geschichten und deren Wirkung abwägen – nicht nur auf uns, sondern auch auf unsere Kinder. Wir dürfen keinesfalls unserer Verantwortung ausweichen, die Schwachen und Verwundbaren zu schützen, insbesondere die Kinder, die sich in einem so formbaren Stadium ihres Lebens befinden. Wenn ihr Denken jetzt auf falsche Weise geformt und geprägt wird, dann wird es schwer werden, wenn nicht gar schier unmöglich, den Schaden wieder zu reparieren. Wir können sie nicht einfach vor den Fernseher setzen oder aufs Internet loslassen. Genauso wenig sollten wir ihnen die Erlaubnis geben, alles zu lesen, was ihnen in die Hände fällt, nur weil es gerade «in» ist. Seit wann können wir es getrost den Medien überlassen, den moralischen und geistlichen Grundton unserer Gesellschaft zu bestimmen?

Der gesunde Menschenverstand erkennt (noch), dass Kinder vor Bildern von Gewalt und Pornographie geschützt werden müssen. Aber selbst hier ist die Verschiebung unübersehbar, und viel zu viele Kinder werden Bildern und Informationen ausgesetzt, die sie überfordern und mit denen sie nicht auf gesunde Weise umgehen können. Zu viele von uns neigen dazu, uns auf die von der Regierung eingesetzten Wachhunde, Zensurstellen und Richtlinien zu verlassen, statt uns selbst hineinzuknien.

Das ist eine gefährliche Nachlässigkeit, denn

wir leben in einer Welt, die nach einem ganz anderen Wertesystem agiert als nach dem unseren und für die das Wort *phantasievoll*, ähnlich wie das Wort *Kunst*, so ziemlich alles rechtfertigt.

Die Bibel macht deutlich, dass die Einbildungskraft alles andere als neutral ist. Es gibt so etwas wie eitle oder sinnlose Einbildungskraft. Der Apostel Paulus erinnert uns im Zusammenhang mit Römer 1,21 daran, dass unsere Götzen, ob sie nun aus Stein oder Metall, aus Sex, Aberglauben oder Wissenschaft bestehen, ihren Ursprung in nichtigen Gedanken haben. In Gedanken, durch die wir die Gabe Gottes im Dienst einer geringeren Sache pervertiert haben.

Man fragt sich, was wohl aus der Evolutionstheorie geworden wäre, hätte sie sich auf den Bereich echter Wissenschaft beschränkt. Aller Wahrscheinlichkeit nach wäre sie schon lange als unzulänglicher Erklärungsversuch unserer Ursprünge aufgegeben worden. Doch die gewaltigen bilderschaffenden Anstrengungen ihrer Befürworter haben sie in den Stand eines Mythos erhoben. Und diese Bilder haben sie für die Mehrheit der Menschen in der westlichen Welt glaubhaft gemacht – eine treffende Erfüllung der Worte des Paulus.

Da die Welt sich der Eitelkeit bzw. Nichtigkeit verschrieben hat, kann es kaum überraschen, dass vieles von dem, was sie produziert – wenn es nicht von etwas Besserem gemäßigt wird –, aus negativen und zynischen Bildern besteht. Wir müssen nur einmal darauf achten, wie versessen unsere Film- und Fernsehschaffenden auf Gewalt, Totschlag und Erotik sind, so dass selbst gute Storys heutzutage obligatorische Flüche, Morde und Sexszenen enthalten müssen. Warum enthalten sie nicht ein obligatorisches Gebet, eine obligatorische Gabe an die Armen und obligatorische Hilfe für jemanden in Not? Weil das Leben nun einmal nicht so ist? Doch, mit Verlaub, es ist so! Es gehört zum alltäglichen Lebensstil von Millionen Menschen, und nicht nur von Christen, zu beten, zu geben und anderen zu helfen. Aber die Produzenten arbeiten nach einer anderen Agenda, nicht wahr?

Dafür können wir nicht einfach nur die Produzenten unserer kommerziellen Medien verantwortlich machen. Das Internet, Symbol der menschlichen Autonomie, schwappt über von Millionen Bildern, die Gewalt und Pornographie zeigen, und viele davon sind einfach nur krank. Auch dies ist eine Phantasiewelt, die eine nichtige Einbildungskraft füttert. Ebenso folgt auch ein Großteil unserer zeitgenössischen Literatur demselben Trend zum Zynismus und erweckt dadurch den Anschein, als hätten Menschen in etwa denselben Lebensinhalt wie Hunde.

Bei den Medien, die sich an Kinder richten, herrscht erheblich mehr Zurückhaltung. Doch auch hier finden wir eine Welt, in der die Gewalt und die quasi-sexuelle Bilderwelt von Pokémon und Manga an der Tagesordnung sind; eine Welt, wo Hexerei und Zauberei zum Alltag gehören und wo statt besserer Dinge Geister und Gespenster für Unterhaltung, Spannung und Thrill sorgen.

Damit dies nicht zu kulturfeindlich klingt, sollten wir uns an dieser Stelle ins Gedächtnis rufen, dass bei weitem nicht alles schlecht ist. «Alle gute Gabe und alle vollkommene Gabe kommt von oben herab, von dem Vater des Lichts», und deshalb sind auch nichtgläubige Menschen durchaus in der Lage, Werke von hohem moralischem und spirituellem Wert hervorzubringen. Manche der größten künstlerischen und der phantasievollsten Leistungen stammen von bekennenden Ungläubigen. Im Westen ist vieles davon aus einer Kultur hervorgegangen, die zutiefst von einer christlichen Weltanschauung beeinflusst und geprägt wurde. Indem der christliche Glaube die Menschen von den abergläubischen Vorstellungen des Götzendienstes befreite, hat er die kreative Gabe freigesetzt, ohne Furcht der Schönheit nachzuspüren und über das Wesen des Menschen zu reflektieren, ohne unser Verhalten einfach mit den Launen der Götter oder den Machenschaften von Dämonen zu erklären. Wenn wir dieses Vermächtnis vernachlässigen, fügen wir uns selbst Schaden zu. Verlieren wir Gott, so verlieren wir unsere Menschlichkeit; verlieren wir unsere Menschlichkeit, so werden wir zu programmierten Maschinen oder zu Behausungen für Dämonen.

Selten bestand eine größere Notwendigkeit für Christen, ihre Einbildungskraft positiv und kreativ in die Künste einzubringen. Indem wir das tun, reihen wir uns in die große Tradition derer ein, die kostbare illustrierte Manuskripte herstellten, die die musikalische Notenschrift erfanden, die die Sixtinische Kapelle entwarfen, die Kathedralen erbauten, die die holländischen Meisterwerke malten, die die *Pilgerreise* schrieben, die die King-James-Übersetzung und die Luther-Übersetzung der Bibel hervorbrachten. Wir zählen all die großen Namen zu unseren Reihen – Beda, Erasmus, Haydn, Bach, Händel, Rembrandt, Tolstoj – und hunderttausend andere, zu zahlreich, um sie alle zu erwähnen. Ganz zu schweigen von den unzähligen gläubigen Kunsthandwerkern, die ihre Arbeit zur Ehre Gottes taten und heute noch tun.

Wir müssen zu einem positiven Gebrauch unserer Einbildungskraft ermutigen. Der Apostel Paulus riet uns, über unsere Gedanken zu wachen: «Orientiert euch an dem, was wahrhaftig, gut und gerecht, was anständig, liebenswert und schön ist. Wo immer ihr etwas Gutes entdeckt, das Lob verdient, darüber denkt nach!» (Philipper 4,8). Das ist keine Aufforderung, sich vor der harten Wirklichkeit des Lebens zu verstecken, geschweige denn, alles mit Kreuzen und weißen Tauben zu übertünchen. Ebenso wenig bedeutet es, dass wir keine säkulare Musik anhören, keine nichtchristlichen Bücher lesen oder keine Kinofilme mehr anschauen dürfen.

Allerdings ermahnen uns diese Worte, das Leben aus einer positiven, von der Erlösung her kommenden Perspektive zu betrachten. Die biblische Geschichte fängt nicht mit der Sünde, nicht mit der Rebellion gegen Gott und auch nicht mit dem Bösen an. Sie beginnt mit einem Gott der Liebe, der eine schöne Welt schuf, die voll von Gutem war. Und das wurde auch durch den Sündenfall nicht alles zunichte: Gott setzte den Auswirkungen des Bösen enge Grenzen und sorgte dafür, dass etwas von der Schönheit erhalten blieb und dass wir alle den Drang verspüren, diese Schönheit zu finden. Wenn die Geschichte einst endet, dann wird dies durch die Rückkehr des schönsten Menschen geschehen, der je lebte und der eine herrliche neue Schöpfung eröffnen wird, aus der alles Böse verbannt ist. Können Sie sich das vorstellen? Tun Sie es!

Das Mindeste, was wir für unsere Kinder tun können, ist, dafür zu sorgen, dass sie die größte Geschichte aller Zeiten kennen lernen. Denn das gibt ihnen das Werkzeug an die Hand, mit dem sie alle anderen Geschichten, die ihnen unterkommen, beurteilen können. Das göttliche Drama ist nicht nur voll von großartigen eigenständigen Geschichten. Sondern gerade die Wirkung dieser Geschichten auf die Phantasie verhilft dazu, eine gesunde Weltsicht zu entwickeln und die moralische Inspiration zur Verfügung zu stellen, die unsere Kinder brauchen, um zwischen Gut und Böse unterscheiden zu lernen.

Natürlich werden die Kinder im Lauf ihres Lebens die volle Breitseite der Bilder dieser Welt zu spüren bekommen. Spätestens dann, wenn sie erwachsen werden. Niemand kann seine Kinder davor schützen, indem er sie einsperrt. Und mit Zensur und Indizierung lässt sich kaum mehr erreichen, als dass sich Furcht in ihre Einbildungskraft einschleicht oder sie sich einfach nur danach sehnen, die Tabus zu brechen und möglichst bald herauszufinden, was wohl dahinter steckt.

Diese Gefahr droht, wenn wir die Bibel lediglich als eine Sammlung theologischer Aussagen und Textbelege behandeln. Die Bibel ist ein Buch voller Geschichten – wahrer Geschichten freilich. Aber dennoch ist es eine erzählerische Form, in der Gott sich und seinen Willen für die menschliche Rasse offenbart. All unsere Textbelege sind in dem grö-ßeren Zusammenhang dieser Erzählung zu sehen. Wer wirklich in die Bibel eingetaucht ist, bei dem werden ihre Bilder und Geschichten das Denken so formen, dass er die Dinge sieht, wie Gott sie sieht. So jemand begnügt sich nicht damit, Kapitel und Vers zu zitieren, sondern er wird – geleitet vom Heiligen Geist und in Gemeinschaft mit anderen – die Kunst der wahren Unterscheidung einüben. Der Gegensatz dazu, die reflexartige Reaktion, wie starre Fundamentalisten sie oft zeigen, ist viel stärker von Furcht motiviert als von der Wahrheit. Was unsere Kinder nötig haben, ist, sich mit der echten Weisheit vertraut zu machen, die von oben kommt. Und zwar in einer erzähleri-schen Form, die parallel zu der Erfahrung ihres eigenen Lebens verläuft.

Es wäre ein schwerer Fehler und ein theologi-scher Irrtum, unseren Kindern nur die Lektüre der Bibel oder auch nur «christlicher» Bücher zu erlauben. Sie brauchen den Zugang zu dem Reichtum an guter Literatur, der uns zur Ver-fügung steht; zu Büchern, die die Phantasie anre-gen und zu einem positiven, engagierten Lebens-stil ermutigen.

Das müssen nicht immer nur hübsche Geschichten sein. Wir können sogar mehr schaden als nützen, wenn wir ihre Lektüre auf Bücher beschränken, die den Wirklichkeiten des Lebens nicht gerecht werden. Die Bibel begeht diese Unterlassung nie! Kinder müssen auch von Hass und Ungerechtigkeit erfahren, von Leiden und Krankheit, von Konflikten und Siegen, von Hoffnung und Verzweiflung, von Leben und Tod. Was sie nicht brauchen, ist eine Literatur, die im Herzen selbstsüchtig und zynisch ist oder zu einer morbiden Trübsinnigkeit über das Leben verführt, bevor sie überhaupt die Chance hatten, seine Schönheiten zu würdigen.

Warum empfehle ich Bücher in einer Zeit des Fernsehens, des Kinos, der Computerspiele und des Internet-Surfens? Einfach deshalb, weil gute Bücher wie auch Hörspiele die Phantasie weitaus besser anregen, als Film oder Fernsehen es jemals könnten. Denn Worte erzeugen Bilder in unserem Geist, während Film und Fernsehen uns lediglich die Bilder eines anderen übermitteln. Wer war noch nie enttäuscht über die Verfilmung eines seiner Lieblingsbücher, einfach weil die Bilder, die auf die Leinwand geworfen wurden, bei weitem nicht an die herankamen, die wir in unseren Köpfen hatten? Auch wenn Sie oft Gegenteiliges hören: Tatsache ist, dass mehr Menschen als je zuvor sich mit einem Paket Papier mit Druckerschwärze in einem stillen Winkel ihrer Wohnung eine schöne Zeit machen. Das Buch ist alles andere als tot!

Kluge Eltern und Lehrer werden die Einbil-

dungskraft der ihnen anvertrauten Kinder fördern. Sie werden sie nach den Bildern fragen,
die ihnen im Kopf herumschwirren. Manche davon werden uns vielleicht albern oder kindisch
vorkommen. Aber das liegt vielleicht nur am
Umstand, dass wir uns daran gewöhnt haben,
das Leben auf eine Art und Weise zu betrachten,
die für eine frische Herangehensweise keinen
Raum mehr lässt. Wir sollten die Art respektie-
ren, wie unsere Kinder selbst die Dinge sehen,
und der Versuchung widerstehen, ihre Ideen als
töricht abzutun. Sonst werden sie daraus die Lehre ziehen, uns ihre Geheimnisse nie preisgeben
zu wollen – und damit fordern wir die Probleme
geradezu heraus.

Die von einem meiner Enkelkinder aus-
gedachte Geschichte von einem tausendfüßigen
Mann, der sich tausend Stiefel anziehen musste,
mag verrückt gewesen sein, aber sie führte zu allen möglichen Diskussionen über Zeit und Prak-
tikabilität und zu der Schlussfolgerung, dass es
wahrscheinlich ganz gut ist, dass Gott uns nur
zwei Beine gegeben hat!

Wie stark sollten wir Kinder vor den Auswirkungen ihrer eigenen Phantasie schützen? Das
hängt natürlich weitgehend von der Empfindlichkeit des jeweiligen Kindes ab. Aber es gibt sicher manche Bücher wie auch manche Fernsehsendungen, die einfach nicht gut für sie sind, weil
das Material unverkennbar böse ist. Andere sind
erst dann geeignet, wenn ein Kind in seiner emotionalen Entwicklung eine Stufe erreicht hat, auf
der es mit dem Inhalt richtig umgehen kann. Ein

unterentwickelter Verstand kommt nicht gut mit einer überladenen Phantasie zurecht. Das ist dann oft die Ursache von Alpträumen.

Wenn wir merken, dass unsere Kinder unruhig werden oder wenn ihr Verhalten durch das, was sie lesen, beeinträchtigt wird, sollten wir rasch jede weitere Berührung mit dem Material unterbinden. Außerdem sollten wir mit ihnen über die Dinge reden und beten, die ihnen zu schaffen machen. Über Gespenster zu lesen ist eine Sache, aber ein Gespenst in der eigenen Phantasie herumspuken zu haben, ist eine ganz andere.

Vor vielen Jahren beteten wir für ein Mädchen, das in zu jungem Alter die *King Kong*-Verfilmung von 1930 sah (unserer Meinung nach die bei weitem gruseligste Version). In jener Nacht kam der Gorilla durch ihre Zimmerwand und drang in ihren Kopf ein. Von diesem Zeitpunkt an litt sie unter schwerer Epilepsie, komplett mit der charakteristischen Zacke im EEG. Jahre später kamen ihre Eltern mit ihr in unsere Kirchengemeinde, und wir beteten um ihre Befreiung. Sie wurde von ihrer Epilepsie geheilt, und ihr EEG zeigte wieder einen normalen Verlauf.

Damit soll nun nicht behauptet werden, von ebensolcher Art sei die Ursache und die Therapie aller Fälle von Epilepsie. Wichtig ist jedoch, dass wir uns bewusst machen müssen, was in der Phantasie unserer Kinder abläuft. Und wir müssen umsichtig bedenken, was wir sie lesen und anschauen lassen, damit sie nicht leichte Beute für jeden dahergelaufenen Geist und jede neue Lehre sind, die sie anbläst.

Science Fiction und Fantasy sind besonders wirkungsvolle Literaturformen, denn sie beschwören ganze Phantasiewelten herauf, die ganz anders sind als die unsere. Fantasy wendet sich zudem an das Unterbewusstsein, besonders wenn sie auf einer mythischen Struktur basiert, wie wir im nächsten Kapitel sehen werden. Sie hat eine große Macht, Gutes zu bewirken, aber sie kann auch Böses initiieren, wenn sie von der falschen Art ist.

Die *Harry Potter*-Geschichten gehören zu dieser oben beschriebenen *Gattung* der Literatur: der Fantasy. Mit all ihren Optionen zum Schlechten wie zum Guten.

Auf den folgenden Seiten werden wir uns mit den Vorzügen und Schwachpunkten dieser Geschichten befassen. Doch für den Augenblick mag es genügen, dass unserer Meinung nach die eindrückliche, düstere Bilderwelt und die anschaulichen, bisweilen blutigen Szenen diese Art von Lektüre für die meisten Kinder unter zehn Jahren ungeeignet erscheinen lassen. Eltern von Kindern, die besonders stark auf solche Eindrücke reagieren, sollten vielleicht sogar noch länger abwarten, zumal im Fall *Harry Potter* die Autorin angedeutet hat, dass die düsteren Szenen und die Gewalt der Geschichten in den kommenden Bänden wahrscheinlich eher zunehmen werden.

Die Einbildungskraft ist eine der besten Gaben, die Gott uns verliehen hat. Alle großen wissenschaftlichen Entdeckungen, alle sozialen und politischen Reformen kommen dadurch zustande, dass Menschen diese Fähigkeit gebrauchen. Martin Luther Kings berühmte Worte sprechen für sich: «Ich habe einen Traum ...» Wir sollten unsere Kinder befähigen und ermutigen, zu träumen und sich eine bessere Welt vorzustellen. Und wer weiß: Mit Gottes Hilfe werden sie sie später vielleicht sogar hervorbringen!

# Drittes Kapitel

# Mythen und Magie

Es gibt keine Geschichten, die größere Macht über die Einbildungskraft haben, als diejenigen, die um eine mythische Struktur herum gebaut sind. Zu solchen Geschichten gehören die alten Sagen von König Artus und Odysseus und *Sindbad der Seefahrer*. Moderne Beispiele, die demselben Aufbau folgen, sind etwa *Der Herr der Ringe* (*The Lord of the Rings*), *Das zauberhafte Land* (*The Wizard of Oz*) und *Star Wars* von George Lucas.

Das Muster sieht immer etwa so aus:

Ein ganz gewöhnlicher Mensch empfängt den Ruf, eine Heldenreise anzutreten, um die Welt zu retten. Er folgt diesem Ruf nur widerstrebend, denn er glaubt nicht an das besondere Geheimnis seiner wirklichen Identität. Ein weiser Mentor tritt auf und gibt ihm Rat. Er überschreitet die Schwelle ins Reich der großen Abenteuer und sieht sich schon bald Hütern gegenüber, die bestochen, eingeschüchtert oder zum Schweigen gebracht werden müssen. Dort findet er auch magische Waffen, die ihm helfen sollen.

Es folgt eine Reihe von Prüfungen, bei denen ihm verschiedene Verbündete zur Seite stehen. Irgendwo im Hintergrund lauert dabei ein unheimlicher Schatten. All dies bereitet ihn auf die schwerste Prüfung vor, oft in Form einer Göttinnengestalt, gegen die er allein kämpfen muss.

Wenn er diese Prüfung besteht, gewinnt er das Lebenselixier. Dann muss der Held zu seinem Volk zurückkehren. Das ist nicht einfach, und er wird vor der Reise zurückschrecken. Doch es wird ihm Hilfe zuteil, oft durch ein Hilfsmittel zum Fliegen, und der Held kehrt in seine eigene Welt zurück. Wenn er ankommt, ist er Herr beider Reiche geworden, denn es hat sich erwiesen, dass seine Reise ihn zur Selbstentdeckung geführt und zu einem Mann gemacht hat. In den Worten von Aldous Huxley: «Der Mann, der durch die Tür in der Wand wieder hereinkommt, ist nie ganz derselbe wie der Mann, der hinausgegangen ist» (*Die Pforten der Wahrnehmung*).

Mythen mögen auf historischen Ereignissen beruhen oder auch nicht, auf jeden Fall enthalten sie tiefe Wahrheiten über das menschliche Dasein. Und darin liegt ihre Macht. Wir alle sind auf einer Reise namens Leben; aus der Gewöhnlichkeit unserer Kindheit heraus müssen wir uns den Prüfungen und Ungewissheiten des Heranwachsens stellen. Unterwegs werden wir Freunde finden, aber auch auf Feinde stoßen. Wir werden manche Fähigkeiten erringen und uns dem Schatten unserer Ängste stellen. Irgendwann werden wir vielleicht auf eine entscheidende Herausforderung für unsere Zukunft stoßen.

Viele scheitern an dieser Herausforderung und zahlen den Preis, der darin besteht, das Erwachsenenalter zu erreichen, während man emotional noch im Jugendalter gefangen sitzt. Das wird in unserer Gesellschaft nirgendwo deutlicher als in den sexuellen Beziehungen. Wie viele junge Menschen, die sexuellen Verlockungen außerhalb der Ehe nachgeben, werden unfähig, als Erwachsene beständig in einer ehelichen Beziehung zu leben. Stattdessen «verlieben» sie sich immer wieder aufs Neue wie pubertierende Jugendliche, ohne je die Prüfung zu durchlaufen, die sie befähigen würde, wirklich zu lieben, wie es nur ein Erwachsener kann.

Was immer diese Prüfung ist und in welcher Gestalt sie uns auch begegnen mag: Diejenigen, die sie bestehen, werden mit emotionaler Reife belohnt. Und sie leisten ihren Beitrag zum Wohl der Gesellschaft, und sei es «nur» in einer so alltäglichen Form wie der, dass sie ihren Lebensunterhalt verdienen und eine Familie gründen. Für die meisten von uns ist es besser, ein *kleiner Held* zu sein als gar kein Held.

Mythische Geschichten helfen uns, unsere Reise stellvertretend zu absolvieren; das heißt, wir sehen uns selbst durch die Erlebnisse eines anderen. Im Erfolg des Helden finden wir Hoffnung für unseren eigenen ungewissen Weg. Wir wünschen uns sehnlichst, dass Frodo Beutlin in Tolkiens Epos den Ring im feurigen Schlund des Schicksalsberges versenken wird. Denn wenn er scheitert – welche Hoffnung gibt es dann noch für uns andere? Wenn Frodo das Böse nicht besiegen kann – wird sich dann das Böse am Ende doch als die stärkere Macht erweisen?

So stellen wir uns unseren inneren Schrecken entgegen und träumen unsere Träume. Wenn der Mythos seine Aufgabe erfüllt, wird er uns zu höheren Idealen inspirieren und uns seine Moral lehren. Seine uralten Archetypen – jene altbekannten Figuren aus Märchen und Sagen – berühren uns tief im Innersten. Die Metaphern und Symbole regen unsere Phantasie an, und zwar so sehr, dass sie zum unbewussten Fundament unseres Lebens werden. Solche Mythen formen unsere Wertvorstellungen und unsere Weltsicht, und sie prägen unsere Persönlichkeit.

Es springt sofort ins Auge, dass die *Harry Potter*-Bücher auf einer mythischen Struktur basieren. Jeder Band für sich ist ein Miniatur-Mythos, doch gleichzeitig ist jeder ein Teil des größeren Mythos der übergreifenden Handlung. Harry, der Held, betritt wie Dorothy in *Das zauberhafte Land* eine Parallelwelt. Dort beginnt er seine dunkle Reise, um dem Schatten seiner Vergangenheit entgegenzutreten und sich sowohl mit dem Segen als auch mit dem Fluch seiner Herkunft auseinander zu setzen. Dumbledore ist sein weiser Mentor, und Ron, Hermine und Hagrid gehören zu seinen Verbündeten. Snape und McGonagall sind Torhüter, Malfoy ist der junge Bösewicht; und Voldemort schließlich ist der Schatten. Gestaltwandler gibt es zuhauf.

Obwohl bisher erst vier Bände vorliegen, ist

schon jetzt ziemlich klar, in welche Richtung die Handlung weiterlaufen muss und wie das Ganze wahrscheinlich ausgehen wird – obwohl es ein Jammer wäre, den Spaß zu verderben, indem man jetzt schon darüber spekuliert!

Angesichts all dessen ist die *Harry Potter*-Serie in der Lage, erheblichen Einfluss auf junge Gemüter auszuüben. Die Frage ist, ob dieser Einfluss heilsam oder schädlich ist.

Viele Christen sind mit der Antwort darauf schnell bei der Hand: Verbannen wir am besten gleich alles Mythische. Das Wort «Mythos» erinnert zu sehr an Irrglauben und Lüge, und solche Geschichten sind viel zu gefährlich und beunruhigend. Gebt uns lieber sichere, logische Fakten, solide wissenschaftliche Texte, systematische Theologie und die «wahren» Geschichten der Bibel!

Die Sorge ist verständlich, aber sie entzündet sich am falschen Ort. Zunächst einmal bedeutet Mythos in diesem Zusammenhang alles andere als Irrglaube. Der Mythos ist ein *wahrheitsgetreues Handlungsmuster*, das nach den Wirklichkeiten des Lebens modelliert ist.

Zweitens ist die sichere, logische, phantasielose Herangehensweise nicht biblisch. Die Bibel selbst ist eine Geschichte, die weitgehend auf einer mythischen Struktur beruht. Das ist auch nicht anders zu erwarten, da ja Gottes Wort die Wahrheit ist und darum auch der Wirklichkeit unserer menschlichen Erfahrung entsprechen muss. Darum enthält die Bibel auch die mythischen (das heißt nicht unhistorischen!) Taten von Gestalten wie Josef und David. Und vor allem enthält sie das Leben von Jesus Christus.

Wenn wir die Evangelien lesen, entdecken wir alle wesentlichen Elemente eines Mythos, eingebettet in die größte Geschichte aller Zeiten. Kein Wunder, dass es eine so packende und bezwingende Geschichte ist. Der Heilige Geist selbst hat sowohl die Form als auch die Worte eingegeben!

Um jedem Missverständnis an dieser Stelle vorzubeugen: Die mythische Form der Heiligen Schriften erlaubt es uns, sie Mythos zu nennen, aber das macht sie nicht zu Märchen, Volkssagen oder Fiktionen. Diese Ereignisse haben sich *wirklich* in Raum und Zeit zugetragen. Sie sind historisch wahr und gipfelten darin, dass das Wort Fleisch wurde und unter uns wohnte, voll Gnade und Wahrheit (Johannes 1,14). Und die Verfasser der Bibel legen großen Wert darauf, dass wir das verstehen. «Wir haben euch doch keine schönen Märchen erzählt, als wir euch von der Macht unseres Herrn Jesus Christus und von seinem Wiederkommen berichteten. Mit unseren eigenen Augen haben wir ihn in seiner ganzen Größe und Herrlichkeit selbst gesehen» (2. Petrus 1,16). Wo die Bibel mit dem Anspruch auftritt, historische Wahrheit zu berichten, nehmen wir das auch so an.

Der springende Punkt der Menschwerdung Christi und der übrigen biblischen Geschichte ist, dass Gott sich durch die Lebensgeschichte von Menschen offenbart. Wir tun gut daran, uns das zu merken, denn unser Scheitern in dem Bestreben, das Evangelium in unserer postmodernen Welt wirksam weiterzusagen, ist darauf zurückzuführen, dass wir nicht begriffen haben, wie wichtig es ist, die Geschichte *zu erzählen*.

Paulus selbst, der «theologischste» aller biblischen Autoren, bezog sich ständig sowohl auf die alttestamentliche Geschichte als auch auf das Leben Christi. Der Römerbrief zum Beispiel ist nicht zu verstehen, wenn man nicht die Heldenreise des Glaubens kennt, die Abraham absolvierte. Wie tragisch ist es, wenn wir diese Geschichte auf ein paar Textbelege über die Rechtfertigung aus dem Glauben reduzieren. Säuberlich, logisch, sterbenslangweilig; die Leute gehen wieder heim, ohne eine Geschichte gehört zu haben, die ihre Phantasie in Schwung bringt. Und es ist deshalb auch kein Wunder, wenn bald ein spannender Film oder auch nur eine Seifenoper die hübsche Liste von Fakten, die ihnen der Prediger am Sonntag nach dem Motto *Quod erat demonstrandum* (*Was zu beweisen war*) präsentiert hat, wieder aus ihrem Gedächtnis auslöscht. Vielleicht erscheint es uns deshalb nötig, dieselbe Botschaft nächste Woche wieder in anderer Verpackung feilzubieten! ...

In Wirklichkeit ist unsere Geringschätzung der Phantasie und unsere Versessenheit auf lineare Logik mehr auf den Rationalismus der Aufklärung zurückzuführen als auf die Bibel. Dabei ist selbst der Fortschritt der Wissenschaft auf Phantasie und Geschichten angewiesen. Das Uhrwerk-Universum, die Urknall-Theorie, die Evolutionstheorie – alle Wissenschaft, die sich auf diese Vorstellungen stützt, basiert auf Bildern und Geschichten. Und nicht unbedingt immer auf solchen, die der Wahrheit entsprechen!

Wenn wir nun also akzeptieren, dass die Bibel eine mythische Geschichte ist, sollten wir uns dann nicht auf sie allein beschränken? Dem Wort Gottes können wir doch zumindest vertrauen! Richtig ist auf jeden Fall, dass wir uns selbst und unsere Kinder reichlich mit der Bibel vertraut machen sollten. Aber wir sollten uns auch zwei biblische Wahrheiten bewusst machen.

Erstens hat Gott der ganzen Menschheit eine allgemeine Gnade zuteil werden lassen. Gott ist so leidenschaftlich darauf aus, die Welt mit sich zu versöhnen, dass er uns durch die vielen Segnungen der Schöpfung und der Kultur mit seinem Wesen vertraut macht. Die Welt ist übersät mit Hinweisen, die untrüglich in die Richtung Christi deuten. «Groß sind die Werke des HERRN; wer sie erforscht, der hat Freude daran» (Psalm 111,2, Lutherbibel 1984). «Du öffnest deine Hand und sättigst deine Geschöpfe; allen gibst du, was sie brauchen» (Psalm 145,16). Gott selbst ist es, «der allen das Leben gibt und was zum Leben notwendig ist, er hat den einen Menschen geschaffen, von dem alle Völker auf der ganzen Erde abstammen. Er hat auch bestimmt, wie lange und wo sie leben sollen. Das alles hat er getan, weil er wollte, daß die Menschen ihn suchen, damit sie ihn spüren und finden können. Und wirklich, er ist uns ja so nahe!» (Apostelgeschichte 17,25–27).

Zweitens gebraucht Gott auch Ungläubige zu

seinen Zwecken, seien es Bileams Esel oder der heidnische König Cyrus oder seien es die Schriftsteller, die Paulus auf dem Areopag zitiert. Dies hat christliche Denker wie C. S. Lewis und viele andere dazu geführt, anzuerkennen, dass heidnische Schriften durchaus Elemente der Wahrheit enthalten können, die uns auf unserer Reise zum Heil weiterhelfen können.

Der Roman *Der Herr der Fliegen* (*Lord of the Flies*) zum Beispiel ist eine der eindrucksvollsten Darstellungen der Wirklichkeit des Sündenfalls und der verderblichen Wirkung der Sünde. *Terminator 2* führt uns lebhaft vor Augen, wie unerbittlich die Sünde ist, dass wir dringend einen Erlöser brauchen und dass ein Opfer nötig ist, um das Böse zu zerstören. Etliche Handlungselemente des Films spiegeln die Symbolik des zwölften Kapitels der Offenbarung wider.

Wenn wir die Kraft und den Rang mythischer Geschichten akzeptieren – nicht nur wegen ihrer Einsichten in das Geheimnis des menschlichen Daseins, sondern auch wegen ihres Potenzials, uns auf unserer Suche nach Wirklichkeit zu leiten –, dann dürfen wir solche Geschichten nicht nur nach ihrer historischen Verlässlichkeit oder literarischen Integrität beurteilen, sondern auch nach ihrer psychologischen, moralischen und geistlichen Zuverlässigkeit.

Es ist unmöglich, mythische Erzählungen einfach als gut oder schlecht zu klassifizieren. Wir werden immer beides gemischt vorfinden und Gebrauch von unserer Urteilskraft machen müssen. Mehr darüber später. *Der Herr der Ringe* zum

Beispiel steht bei vielen Christen wegen seines hohen moralischen Gehalts und seiner erlösungsähnlichen Struktur hoch im Kurs. Doch dieses Epos hat auch seine deprimierenden Seiten: Das Goldene Zeitalter ist vorbei, die Zukunft sieht für viele glanzlos aus – und die Andeutungen eines Lebens nach dem Tod sind in den Nebel der Ungewissheit gehüllt. Das sind sicherlich keine christlichen Gedanken!

Gewiss sollten wir in Geschichten nach Erlösungsmustern Ausschau halten. Das Gute muss am Ende siegen, und wo das nicht der Fall ist, müssen die Gründe dafür klar zu Tage treten. In der großartigen biblischen Geschichte von Saul und David werden die Gründe für Sauls Scheitern ganz deutlich offenbar, genauso wie auch die für Davids Siege und seine Unzulänglichkeiten. Eine zynische Geschichte hätte das alles dem Zufall zugeschrieben, und das gilt auch zweifellos für die interaktiven Bücher und CD-ROMs, in denen der Leser oder Spieler ohne ein Bewusstsein moralischer Überlegenheit gegen seine Feinde antritt und nichts dabei lernt, außer dass er diesmal das Glück hatte, den Kampf zu überleben. Solche Geschichten kann man getrost in den Regalen lassen.

Der *Star Wars*-Mythos, den George Lucas in seinen grandiosen Filmen schuf, enthält zwar viele gute Elemente, wirft aber eine andere Frage auf – die des Weltbildes. Im Fall von *Star Wars* ist dies teilweise eher eine taoistisch-buddhistische Sicht der Wirklichkeit, in der eine unpersönliche Macht zu guten wie bösen Zwecken angezapft werden kann, je nach der persönlichen Neigung. Eine solche Sicht deckt sich nicht mit der Bibel, und Christen, die «die Macht» mit dem Heiligen Geist verglichen haben, waren gewaltig auf dem Holzweg. Etliche unserer intensiveren Nachfragen bezüglich Harry Potter haben mit dem Weltbild zu tun, das uns von der Autorin präsentiert wird.

Was nun, wenn solche Mythen Elemente der Magie und Zauberei enthalten? Das ist natürlich eine auffällige Eigenschaft der *Harry Potter*-Bücher, und das allein war für manche Christen Grund genug, einen Bogen um die Bücher zu machen. Ob dieselben Christen wohl auch einen Bogen um das zauberhafte Märchen von *Aschenputtel* machen, oder um *Schneewittchen und die sieben Zwerge*?

Wir müssen unterscheiden zwischen der Magie, die im wirklichen Leben als ernsthafte Machtausübung praktiziert wird, und der Magie, die dem Erzähler als Symbol für das Leben und die Veränderung dient. Im Fall von Aschenputtel liegt eindeutig das Letztere vor. Aschenputtels innere Güte trotz aller Misshandlungen, ihre höheren Ambitionen, ihre Hoffnungen und Träume werden durch ein magisches Erlebnis belohnt, das ihr Leben verändert. Vor der Magie in diesem Sinne brauchen wir keine Angst zu haben, und wenn ein Jugendlicher sagt: «Jesus ist Magie», dann hat er damit vollkommen Recht!

Ernster ist es zu nehmen, wenn es um manipulierende Magie geht. Im wirklichen Leben verurteilt die Bibel Zauberei und all diejenigen, die sich mit Zauberkünsten befassen. Seien es die ägyptischen Zauberer zur Zeit des Mose, die babylonischen Zauberer in den Tagen Daniels, die Zauberer in Israel selbst oder irgendwelche anderen Zauberer. Der Text in Offenbarung 22,15 verwehrt solchen Menschen den Zugang zur Stadt des Lebens: «Draußen sind ... die Zauberer.» Im Kern dieser Art von Magie steht das Streben, das Leben ohne Gott zu meistern, steht der Glaube, wir könnten die Kräfte oder die Dämonen manipulieren, um unsere eigene Lage oder die anderer zu verbessern.

Das ist eine Form des Götzendienstes. Freilich behaupten diejenigen, die so genannte «Weiße Magie» praktizieren, in ihren Ritualen stecke kein böser Wille, im Gegensatz zu denen, die «Schwarze Magie» betreiben. Schön und gut. Aber das trifft nicht den Kern des Problems. Es ist die rituelle Magie selbst, die verkehrt ist, unabhängig von den wirklichen oder vorgegebenen Motiven derer, die sie praktizieren. Wenn man seinen Nachbarn beklaut, um jemandem zu helfen, der in Not ist, dann ist das sicher ein edleres Motiv als ein selbstsüchtiger Raub. Aber das rechtfertigt noch nicht den Diebstahl an sich. Es gibt legitimere Wege, um Menschen in Not zu helfen.

Bei *Harry Potter* finden wir zwei Elemente vor, die nebeneinander herlaufen: ein witziges Element, durch das die Autorin in Disney-Manier die klassischen Klischees der Magie parodiert. Und es gibt ein zweites, dunkleres Element, bei dem Magie sowohl von den Guten als auch von den Bösen als Waffe gebraucht wird. Wir können die Unterrichtsstunden über Zaubersprüche durchaus als humorvolle Parallele zum allgemeinwissenschaftlichen Unterricht in der wirklichen Welt sehen. Dabei dürfen wir aber die Ähnlichkeit zwischen diesen Zaubersprüchen und dem Gebrauch der Magie als Mittel zur Beherrschung und Einschüchterung nicht übersehen. In den Büchern geht das eine in das andere über.

In der wirklichen Welt wäre ein solcher Gebrauch der Magie nicht akzeptabel, selbst wenn er einem guten Zweck dienen sollte. Doch schon in den *Harry Potter*-Büchern gibt es Überschneidungen zwischen diesen beiden Bereichen. Es erscheint unvermeidlich, dass Harry auch in der nicht-magischen Welt Magie gebrauchen wird, und gegenüber seiner Tante und seinem Onkel und deren Sohn Dudley hat er es sogar schon getan, wenn es auch ohne Absicht geschah. Da diese Figuren ziemlich abstoßend gezeichnet sind, stehen wir leicht in Versuchung, Harrys Handeln nach dem Motto «Geschieht ihnen doch ganz recht!» zu akzeptieren.

Die Magie in *Harry Potter* ist nicht immer nur reine Märchenzauberei, und manchmal sind die wunderbaren Ereignisse nicht nur ein Symbol für das Leben. Es gibt düstere Passagen, in denen es um Machtausübung geht und nicht um persönliche Veränderung; Passagen, in denen ein ernsthafter Konflikt zwischen Gut und Böse stattfindet. Natürlich wäre es Unsinn, zu behaupten, dass jeder Leser dieser Bücher in die Versuchung geraten wird, ein Zauberer zu werden. Aber es wäre ebenso unsinnig, sich einzubilden, dass so etwas überhaupt nicht passieren könne. Zumindest einige werden vielleicht versuchen, die Zaubersprüche anzuwenden; sei es als Verteidigung gegen Personen oder Ereignisse, von denen sie sich bedroht fühlen, sei es als eine Form des Angriffs oder der Rache gegen andere. Nur gut, dass es sich nicht um tatsächlich wirksame Zauberformeln handelt und dass wir als «Muggel» sowieso nichts ausrichten könnten!

Christen haben in beiden Fällen eine bessere Antwort. Denen, die sich fürchten, empfehlen wir das Gebet zum lebendigen Gott, dessen vollkommene Liebe die Furcht austreibt. Denen, die Rachegefühle haben, empfehlen wir ebenfalls das Gebet zu Gott, der auch die Liebe zum Nächsten, ja selbst zum persönlichen Feind, schenken kann.

Das wachsende Interesse an Magie ist kein Zufall. Keiner von uns kann lange vom wissenschaftlichen Materialismus allein leben. Unser Leben schreit nach Sinn, nach Erleuchtung, nach Spiritualität. Historisch ist uns all dies, um mit C. S. Lewis zu sprechen, in dem «tieferen Zauber» des Kreuzes Christi zuteil geworden, des «Lammes, das geschlachtet ist». Das ist die wahre alte Religion, von der das Neuheidentum nur ein später, kranker Ableger ist. Wie zögerlich der Mensch des Westens sich auch auf den Weg zurück zur Spiritualität macht: Früher oder später wird er an einer Weggabelung stehen, wo er sich entscheiden muss. Entweder er ist bereit, «zu erkennen das Geheimnis Gottes, das Christus ist, in welchem verborgen liegen alle Schätze der Weisheit und der Erkenntnis» (Kolosser 2,2–3, Lutherbibel 1984). Oder er wird der Zauberei verfallen.

# Viertes Kapitel

# Hexen hexen

Arthur Millers Theaterstück *Hexenjagd* erinnert uns daran, dass die Paranoia uns alle zu Hexen machen kann. Zur Erklärung für dieses Phänomen, das er «Dämonismus» nennt, führt Miller Folgendes an: Eine Kombination aus enttäuschten Hoffnungen, unerklärlichen Misserfolgen und abergläubischen Ängsten erzeugt ein Bedürfnis danach, Sündenböcke zu finden, statt nach rationaleren und selbstverantwortlicheren Erklärungen für unsere Übel zu suchen. Seine Warnung ist wohl begründet, und sowohl Christen als auch Regierungen tun gut daran, sie zu beherzigen. In Millers Theaterstück wird sicher manches überzeichnet, aber es ist wahr, dass wir immer noch an dem bösen Vermächtnis der mittelalterlichen Hexenjagden zu tragen haben.

Hexenjagden sind ein Zeichen der Schwäche. Und wenn die kritische Medienwelt mitbekommt, dass die reflexartigen Reaktionen einzelner Christen von Furcht angetrieben sind, kommt sie zu dem Schluss, dieser christliche Glaube sei zu seicht, um einer Überprüfung standzuhalten oder um in der wirklichen Welt zu überleben. In einer Welt notabene, in der viele Nichtgläubige mit dem Leben besser zurecht-zukommen scheinen als manche Christen.

Ein robuster Glaube wird nicht hinter jedem Rosenbusch Dämonen wittern. Er wird sich auch nicht von jeder flüchtigen Mode unserer tragiko-mischen Kultur hin und her wehen lassen. Die christliche Gemeinde rund um den Erdball trifft täglich auf noch weit größere Hindernisse und überwindet sie durch das Wort Gottes und den Schutz von Jesus Christus – und das oft unter hel-denhafter Selbstaufopferung und mit einer roh-geformten Charaktergröße, die oftmals ihre fei-gen Gegner beschämen müsste. Viele Christen sind wahrhaftig die, «deren die Welt nicht wert war». Sucht euch die richtige Sache, gegen die ihr kämpfen und für die ihr sterben könnt, ihr Christen. *Harry Potter* ist bestimmt nicht das rich-tige Kampffeld!

Freilich handelt *Harry Potter* von praktizieren-den Hexen und Zauberern. Harry ist ein Zaube-rer, und seine Eltern sind ein Zauberer und eine Hexe. Wir müssen nicht erst Hexen jagen; in die-sem Fall sind sie ein Bestandteil der Handlung. Demnach ist es vollkommen legitim, wenn wir uns als moralisch und geistlich verantwortungs-bewusste Menschen ein Urteil über das Hexerei-Thema in diesen Geschichten bilden. Um das zu tun, müssen wir die Rolle der Hexe in Literatur und Folklore sowie die Realität der Hexerei in der heutigen Welt betrachten.

Die subtilste, unterschwelligste Verwendung des Hexenmotivs in der Literatur ist vielleicht die Darstellung der dunklen Seite der Mutterschaft. In diesem Fall ist die Hexenfigur oft eine Gestaltwandlerin, die abwechselnd als liebevolle und als tyrannische Gestalt erscheint. Denn es liegt in der Macht einer Mutter, Nahrung und Schutz zu geben, aber auch beides vorzuenthalten, sei es aus einer Laune heraus oder um das Kind zum Heranwachsen zu zwingen.

Psychologisch betrachtet, verweist dieser Gebrauch des Hexenmotivs zurück auf die Entwöhnung des Kindes von der Mutterbrust und auf jenen Schürzenzipfel, durch den das Kind sowohl von seiner Mutter geschützt als auch ihrem Willen unterworfen ist. In mythischen Erzählungen überwindet der Held die Herrschaft des Tyrannen und wird zu einem Erwachsenen, der in der Lage ist, sein Geschick frei zu bestimmen. Im wirklichen Leben können wir, sobald wir uns von dem Schürzenzipfel gelöst haben, unsere Mütter aus freier Entscheidung lieben. Ein solcher Gebrauch des Hexenmotivs lässt sich in den Arthur-Legenden und auch im ersten Band meiner *Oswain Tales* beobachten.

Eng verbunden mit diesem Gebrauch, und vielleicht eher für Mädchen ansprechend, ist die Hexe als Darstellung der Furcht vor der Zukunft, besonders für diejenigen, die einen oder beide Elternteile verloren haben. Die böse Stiefmutter wird zum archetypischen Bild der Hexe, weil sie Macht über das Leben des Kindes hat, ohne es zu lieben, und oft selbst eifersüchtig auf das Kind ist, wegen seiner Jugend, seiner Schönheit und seines Anspruchs auf die Zuneigung seines

Vaters. Nirgends ist dies besser dargestellt als in *Schneewittchen und die sieben Zwerge*. Und auch *Das zauberhafte Land* weist ein ähnliches Thema auf. In beiden Fällen entdecken die Heldinnen mit Hilfe von Freunden ihre inneren Kraftquellen, die sie brauchen, um ihre Furcht zu überwinden. Unter den älteren Geschichten ist vermutlich *Hänsel und Gretel* die eindrucksvollste Erzählung von der Hexe als Darstellung der archetypischen Furcht.

Verwandt mit der Entlarvung der Furcht ist der komische Gebrauch der Hexe oder des Zauberers, wie es beispielsweise in *Der Zauberlehrling* und in der Fernseh-Sitcom *Bewitched* aus den sechziger Jahren der Fall war. Hier sind die Hexen bzw. Zauberer fehlbare Menschen wie wir. Ihre Zaubersprüche gehen meistens schief, und selbst wenn sie funktionieren, gibt es wahrscheinlich eine andere Erklärung dafür, warum es bloß so scheint. Gelächter ist ein großartiges Gegenmittel gegen die Furcht; eine Lektion, die uns allen gut ansteht und die auch bei Harry Potter eine große Rolle spielt.

Die Hexe oder der Zauberer können auch eine Darstellung der Weisheit sein, wie etwa Merlin in den König-Artus-Erzählungen oder Gandalf in *Der Herr der Ringe*. Dies weist zurück auf die ursprüngliche Bedeutung des Wortes *okkult*, das sich früher mehr auf das akademische Studium esoterischer Geheimnisse bezog als auf die Teilnahme an Séancen und dergleichen. In diesem Sinne kann die Hexe auch eine Lehrerin sein. Flüche wirken, weil jemand eine Torheit begangen hat. Das kann ein moralischer Fehlgriff oder ein Versagen des gesunden Menschenverstandes sein; in beiden Fällen ist es ein menschlicher Irrtum, der den Boden bereitet, damit der Bann wirken kann. Wenn Klein-Tommy mit Streichhölzern spielt, kann er genauso gut gleich der Feuerhexe erlauben, das Haus abzubrennen.

Natürlich kann die Hexe auch ein Symbol für das echte Böse sein, ja für Satan selbst, wie etwa in *Der König von Narnia*. Hier verbinden sich Bosheit, Manipulation und Magie, verbunden mit arglistiger Täuschung, zu einem Hexenmonster, das die Wirklichkeit des personifizierten spirituellen Bösen darstellt. In dieser Geschichte von C. S. Lewis kann nur ein erlösendes Opfer die Hexe/den Teufel überwinden, und die Parallele zum Tod und zur Auferstehung von Jesus Christus ist nicht zu übersehen.

Eine weitere beliebte Verwendung der Hexe oder des Zauberers heute ist die politische, wo Hexen oder Zauberer mit Hilfe von übernatürlichen Fähigkeiten zur psychologischen und physischen Manipulation einen Machtkampf ausfechten. In diesen Bereich gehören die nichtokkulten Gestalt- bzw. Persönlichkeitswandler wie *Superman* und die Superhelden allgemein, ebenso wie *Batman* und *The Invaders*, jene Fernsehserie der sechziger Jahre mit ihrer kaum verhohlenen antikommunistischen Propaganda. Dazu gehören auch ortsgebundene, hexenähnlichere Manipulatoren wie *Lizzie Dripping* oder *Buffy – Im Bann der Dämonen*. In all diesen Fällen sind gewöhnliche Sterbliche den bösen Hexen und Zauberern ausgeliefert und können nur durch das Eingreifen der guten Hexen und Zauberer gerettet werden. Auf die Implikationen einer solchen Beeinflussung werden wir noch zu sprechen kommen.

All dies hat nicht das Geringste mit echter Hexerei zu tun, deren Geschichte sich biblisch zu den Fruchtbarkeitskulten Kanaans und den Zauberern Ägyptens und Babylons zurückverfolgen lässt. Diese okkulten Aktivitäten wurden als so gefährlich eingeschätzt, dass sie im Gesetz des Mose mit der Todesstrafe bedroht wurden: «Eine Zauberin sollt ihr nicht am Leben lassen!» (2. Mose 22,17). «Niemand von euch darf seinen Sohn oder seine Tochter als Opfer verbrennen, niemand soll wahrsagen, zaubern, Geister beschwören oder Magie treiben» (5. Mose 18,10).

Hier ist die Rede von ernsthaften okkulten Praktiken, von entschieden dunkler Magie, die Menschen für reale dämonische Besessenheit offen machte. Dahinter steckte mehr als eine abergläubische Furcht, die das Leben der Menschen beherrschte. Es verwickelte sie auch in sexuelle Ausschweifung, Götzendienst und Kindesopferungen. Kein Wunder, dass das Gesetz des Mose danach strebte, solche Aktivitäten auszumerzen. Tatsächlich war es die mangelnde Beachtung, die das Volk Israel solchen Weisungen Gottes schenkte, durch die es sich später seine Verschleppung in die Gefangenschaft einhandelte. Für einen monotheistischen Glauben und die daraus erwachsende Ethik ist die Ablehnung aller Formen okkulter Aktivitäten von wesentlicher

Bedeutung. Erst als sie endlich ihre Vielgötterei ablegten, waren die Juden nach der Gefangenschaft in der Lage, den Weg für das Kommen des Messias zu bereiten und die geistliche Befreiung der ganzen Welt zu ermöglichen.

Aus diesem Grund besteht das Neue Testament ebenso entschieden darauf, dass Hexerei verschwinden muss. Es fordert zwar nicht die Todesstrafe, sondern bietet stattdessen reumütigen Hexen und Zauberern die Rettung an (siehe Simon Magus in Apostelgeschichte 8,9–24 und die Gläubigen in Ephesus in Apostelgeschichte 19, 18–20). Aber diejenigen, die nicht umkehren, sind dennoch dem ewigen Tod bestimmt (siehe Offenbarung 21,8).

Jesus kam, um einen liebevollen himmlischen Vater zu offenbaren, der keinem von uns fern ist und der in Zeiten der Not mit seiner Hilfe an unserer Seite steht. Jesu Wirken auf der Erde war nicht nur von großer Barmherzigkeit geprägt, es war auch ungemein vollmächtig. Wenn wir über das Leben von Jesus lesen, betreten wir eine Welt, in der innere Dämonen besiegt und Kranke geheilt werden, in der es Wunder zuhauf gibt und in der den Ohnmächtigen Hoffnung gegeben wird. Durch die Begegnung mit Christus wird die Tür zum geistlichen Allerheiligsten weit aufgerissen, um Menschen in die Gemeinschaft mit Gott selbst einzulassen.

Als wäre das noch nicht genug, wird Christus durch seinen Aufstieg an die rechte Seite des Vaters nicht nur über alle anderen geistlichen und sterblichen Wesen des Universums gesetzt, sondern er verkündigte auch die Ausgießung des Heiligen Geistes auf seine Gemeinde. Das Werk, das Jesus begann, setzt er durch seine Nachfolger fort. Überall auf der Welt bringt die Verkündigung der guten Nachricht Frieden und Gewissheit über die Zukunft. Engel greifen ein, Dämonen fliehen immer noch vor dem Namen Jesu, Kranke erfahren nach wie vor Linderung und Heilung, die Trauernden finden Trost, die Armen beginnen ihr Leben zu verändern, Gnade wird Millionen zuteil. Wenn die Christen ihr Engagement zurückziehen würden, würde sehr wahrscheinlich die Gesellschaft über Nacht zusammenbrechen.

Sicher, all das ist kein leichter Weg, aber es ist der Weg zum ewigen Leben, und es ist besser, diesen Weg zu gehen, als sich auf die tragische Alternative einzulassen. Das lebendige Wort Gottes, verkündigt in prophetischer Vollmacht und bezeugt durch das veränderte Leben von Menschen, die den Namen von Jesus Christus anrufen, ist der größte «Zauberspruch» von allen. Die priesterliche Feier des Abendmahls durch die Gläubigen vergegenwärtigt eine «heilige Magie», die alle anderen Opfer null und nichtig macht. Die apostolische Vollmacht des Namens Jesu Christi auf den Lippen des Volkes Gottes macht kund, dass es einen und nur einen Herrn gibt, der eines Tages zurückkehren wird, um über die Lebenden und die Toten zu richten.

Anders als in der bloßen Religiosität gibt es unter den wahren Gläubigen keine Rangfolge der Verdienste. Auch der niedrigste Christ kann mit der ganzen Vollmacht Christi beten. Die Gaben des Heiligen Geistes sind Werkzeuge, die selbst den Lehrlingen im Glauben zur Verfügung stehen. Die Geringsten thronen mit Christus in den himmlischen Gefilden, «über alle Mächte und Gewalten, über alle Kräfte und Herrschaften dieser und der zukünftigen Welt» (Epheser 1, 21). Wir haben einen besseren Weg. Wer braucht da noch Hexerei und dergleichen blassen Ersatz?

Offenbar meinen viele, sie brauchten sie. Menschen sehnen sich nach übernatürlicher Hilfe; daran besteht kaum ein Zweifel. Trotz aller Wunder der modernen Wissenschaft und Medizin sind wir immer noch verwundbare Geschöpfe, geplagt von Ängsten und Ungewissheiten, Unfällen und Krankheiten unterworfen. Und wir wissen von der Zukunft genauso wenig wie vor tausend Jahren. Christen mögen verkünden, die übernatürliche Hilfe komme «vom Herrn, der Himmel und Erde gemacht hat» (Psalm 121,2), nicht von den Hügeln, auf denen wir unsere vergeblichen Opfer darbringen oder denen wir noch irgendeinen Erdzauber zu entlocken versuchen. Doch in der Praxis erscheint die westliche Kirche machtlos. Es fehlt ihr an der Spiritualität, nach der sich die Menschen sehnen, und sie versäumt es, die wirklichen Probleme in ihrem Leben anzugehen. Aus Verzweiflung über eine materialistische Kirche werden Menschen immer eher dazu neigen, sich an eine Hexe oder einen Zauberer zu wenden anstatt an Gott. Manchmal erscheint es tatsächlich leichter, an UFOs und Außerirdische zu glauben als an Engel.

Es besteht kaum ein Zweifel, dass die zutiefst böse Seite der Hexerei heute aufblüht und dass sie rituelle Morde und brutale Erniedrigung von Menschen mit sich bringt. Vieles davon verstößt schon gegen die staatlichen Gesetze; von den Gesetzen Gottes ganz zu schweigen.

Sehr viel beliebter jedoch ist das ökologische Heidentum der Mittelklasse. Dies ist der Stoff der Frauenzeitschriften und Abendseminare, der Korrespondenzkurse und der Esoterik-Abteilungen in den Buchläden. Es ist die Welt der verschwiegenen Hexenzusammenkünfte, bei denen Rituale praktiziert und Opfer dargebracht werden, des «Vernetzens» für den Frieden und der Heilungen durch Astralprojektion, des Mantra-Chantens und der neuzeitlichen Animisten, die den Kontakt zu den Elementargeistern der Natur suchen.

Für manche hat sich daraus eine formalisierte neuheidnische Religion namens Wicca entwickelt, deren Anhänger in ihren «Covens» so regelmäßig und gewissenhaft zusammenkommen, wie eine christliche Gemeinde es tut. Zu einem großen Teil beruht diese Religion auf neu ausgedachten Ideen, die sich auf historisch zweifelhafte Behauptungen über das Überleben des antiken Heidentums im Untergrund berufen. Das moderne Druidentum zum Beispiel geht auf John Toland und das Jahr 1717 zurück, schmückt sich aber gern mit dem Anspruch, direkt aus viel älteren Wurzeln hervorgegangen zu sein.

In engem Zusammenhang mit alledem steht

die New-Age-Bewegung mit ihrer Verehrung für Gaia, die Mutter Erde, und mit ihrer Entdeckung des Gottes in uns. Dahinter steckt kaum mehr als eine Rückkehr zum Pantheismus anhand einer Vielzahl von Techniken, die aus aller Welt zusammengeborgt und zu einer neuen Form des Konsumententums verwestlicht wurden.

Auf der Ebene der populären Kultur indessen ergehen sich Millionen im abergläubischen Ritual ihrer täglichen Horoskope, tragen Glückskristalle oder dilettieren mit Séancen und Ouija-Brettern oder dergleichen herum. Hexerei, das Bestreben, unser Schicksal und das Schicksal anderer zu manipulieren, war selten weiter verbreitet als heute.

Was also sollen wir mit der Hexerei in *Harry Potter* anfangen? Dass eine solche Serie von Büchern überhaupt geschrieben wurde, sollte uns angesichts der Kultur, in der wir uns befinden, kaum überraschen. Wie sollen wir sie aber einstufen?

Im Licht der literarischen Analyse zu Beginn dieses Kapitels fallen die Geschichten sowohl in die Kategorie der komischen Stereotypisierung als auch in die der politischen Manipulation der Macht. Es ist nichts besonders Bedeutungsschweres dabei, populäre Darstellungen hexerischer Aktivitäten mit verunglückten Zaubersprüchen und verzauberten Süßigkeiten zu karikieren – nicht einmal an den surrealen Vorstellungen einer Zauberer-Bank voller Gold, das von Kobolden bewacht wird. Indem man sich über solche Vorstellungen von Magie lustig macht, kann man aber sehr wirkungsvoll den Weg für etwas Stärkeres vorbereiten.

Denn dies ist nicht einfach nur eine komische Geschichte, die dazu dient, populäre Vorstellungen von Hexerei zu entlarven oder auch nur unsere Furcht vor solchem Aberglauben zu besänftigen. Die lustige Seite geht nahtlos in die ernsthaftere Seite über. Die Lehrer in Hogwarts können wirklich zaubern; ihre Zaubersprüche sind mächtig und wirken tatsächlich. Es ist damit zu rechnen, dass ihre Schüler sich zu denselben oder noch größeren Fertigkeiten aufschwingen werden. Die erwachsenen Hexen und Zauberer können ihre Magie auch gegen die «Muggel» einsetzen, die Nicht-Zauberer, aus denen die gewöhnliche Gesellschaft besteht. Damit ist noch nichts über diejenigen gesagt, die auf der Dunklen Seite stehen. Und obwohl zwischen guter und böser Zauberei ein Unterschied gemacht wird, ist die Grenze nicht immer ganz klar gezogen. Auch wenn die Bösen durch die schwarze Magie ein zusätzliches Potenzial haben, so haben sie doch im Grunde den gleichen magischen Grundstock wie die Guten. In dieser Hinsicht ist *Harry Potter* von *Narnia* oder auch von *Oswain* so weit entfernt, wie man es sich nur denken kann.

*Harry Potter* präsentiert uns ein nicht ganz geheures Spektrum von okkulten und magischen Praktiken, das vom Scherzhaften bis zum wirklich Makabren und Bösen reicht. Daraus ergibt sich die Frage, wo die Grenze zu ziehen ist. Obwohl bei einigen Figuren klar zu erkennen ist, dass sie eher zur Dunklen Seite gehören, wird vorausgesetzt, dass der ganze Rest zunächst einmal auf der Seite des Lichts steht. Doch da es keine Autorität gibt, auf die sich die helle Seite berufen könnte, gibt es keinen Grund, warum der Rest per se auf der guten Seite stehen sollte. Selbst die Zauberer-Gesetze, die vom Zaubereiministerium, jener Parodie auf die Londoner Regierungsbürokratie, erlassen werden, sind nicht auf irgendeine höhere Autorität gegründet.

Die Autorin hat klargestellt, dass sie nicht die Absicht hat, irgendjemanden zur schwarzen Magie zu verführen. Doch angesichts dieses Fehlens einer Basis, auf die sich die helle Seite gründet, gibt es keinen zwingenden Grund, der jemanden, welcher auf die schiefe Ebene des Okkulten tritt, davon abhalten könnte, weiter hinabzurutschen, als er eigentlich vorhatte.

Kinder sind sehr leicht beeinflussbar. Außerdem sind sie anfällig dafür, sich selbst in Schrecken und Alpträume zu versetzen. Indem hier manchen Aspekten der Hexerei ein lachendes Gesicht aufgemalt wird, ohne dass klare moralische Grenzen gezogen werden, wird es Kindern zu leicht gemacht, selbst zu experimentieren. Insbesondere deshalb, weil sie nicht wissen, dass in der wirklichen Welt rituelle Spiele denjenigen, die verwundbar sind, eine Menge Probleme eintragen können. Wie weit darf man die Hand in ein dunkles Loch stecken, bis man von dem, was immer darin lauert, gebissen wird? Und wenn es zubeißt – welchen Preis wird man zahlen müssen, damit es wieder loslässt?

Moral ohne eine Botschaft und eine Botschaft ohne einen Absender tragen letzten Endes nicht durch. Harry Potter folgt seinen eigenen Instinkten und übertritt die Gesetze des Zaubereiministeriums ebenso wie die Schulvorschriften, wo es der Anlass gerade erfordert, und dabei lässt er sich ausschließlich von seinem angeborenen Empfinden leiten. Diese Art von Autonomie ist gefährlich: Wenn jeder tut, was ihm richtig erscheint, dann gute Nacht, Zivilisation und Gesellschaft. Anarchie baut keine Straßen; nur Barrikaden.

Unsere heutigen Kinder sind der Nachwuchs von Eltern, denen die Situationsethik in Fleisch und Blut übergegangen ist. Viele dieser Eltern glaubten an die Maxime: «Alles, was du brauchst, ist Liebe.» Doch «Liebe» verstanden sie vor allem als Vergnügen, insbesondere als sexuelles Vergnügen, was sie jedoch nicht davon abhielt, so zu tun, als wäre sie etwas besonders Tugendhaftes. Die heutigen Kinder brauchen solche Vorwände nicht mehr. Heute lautet die Botschaft: «Alles, was ich brauche, ist das, was ich will.» Wenn Harry Potter die Regeln übertreten kann, dann kann ich es auch.

Die Fürsprecher des so genannten Wassermann-Zeitalters wollen uns glauben machen, das sei jetzt kein Problem mehr. In ihrem Wolkenkuckucksheim gibt es keinen Konflikt; alles ist eins. Kinder, und Erwachsene natürlich auch, sind bei ihnen von Natur aus gut. Folge einfach deinem inneren Licht und verbünde dich mit der «Macht», und alles wird gut. Die einzige Sünde ist es, nicht du selbst zu sein. Die einzigen Dämonen sind die, die von den Unerleuchteten erzeugt werden.

Wäre es doch nur so einfach! Doch sobald man keine höchste Autorität mehr hat, die den Unterschied zwischen Gut und Böse definiert, läuft unser gesamtes Handeln auf eine Manipulation von Ereignissen und Menschen im Sinne unseres Eigeninteresses hinaus. Wer die beste Technologie hat, gewinnt. John Andrew Murray hat es in seinem Vergleich zwischen Joanne Rowling und C. S. Lewis treffend formuliert: «Rowlings Werk lädt Kinder in eine Welt ein, in der Hexerei ‹neutral› ist und in der Autorität ausschließlich dadurch bestimmt wird, wie stark oder clever man ist. Lewis seinerseits lädt Kinder in eine Welt ein, in der Gottes Autorität nicht nur anerkannt, sondern gefeiert wird – eine Welt, die überall von seiner Güte und Fürsorge erstrahlt» (*Teachers in Focus*).

Harry Potters Welt spiegelt jene säkular-heidnische Mentalität wider, die uns solche Flüche wie Atomwaffen sowie chemische und biologische Kriegführung beschert hat, ganz zu schweigen von der Obszönität der ethnischen Säuberungen und der Armut, die durch die ausbeuterische Politik der multinationalen Konzerne entsteht. Und das, weil sie Gottes Autorität zugunsten der politischen Opportunität außer Acht lässt. Wenn wir hier nicht eine geistliche Grenze ziehen können, dann können wir überhaupt keine Grenze ziehen und bleiben dem Gutdünken der Machtbesessenen auf ihrem eigenen Spielfeld ausgeliefert.

Im Gegensatz dazu definiert die Bibel eine un-übersehbare moralische Grenze, die sich auf Gott selbst bezieht. Es gibt ein Reich der Finsternis, und es gibt ein übergreifendes Reich des Sohnes Gottes. So sehr wir auch unser Leben mit einer geistlichen Reise vergleichen mögen, es bleibt dabei, dass es eine unverrückbare Grenze gibt, an der wir eines dieser Reiche verlassen und das andere betreten. Wo diese Grenze verläuft, hängt nicht von unserem angeborenen Gefühl oder von irgendeiner willkürlichen Autorität ab. Sie geht von dem lebendigen Gott selbst aus, von keinem Geringeren als dem gerechten Richter der ganzen Erde.

In der Welt von *Harry Potter* fehlt diese Trans-zendenz. Da ist nichts, wonach man streben könnte. Kein ehrfürchtiges Staunen in der Gegenwart des Guten. Kein höchstes Wesen außerhalb der Welt, nach dem man suchen oder das man anbeten könnte. Keine Person, die man lieben könnte. Somit besteht die Hexerei aus wenig mehr als materialistischer und psychologischer Manipulation; die Realität spiegelt sie nicht wider. Indem diese Welt von *Harry Potter* das wahrhaft Spirituelle verleugnet, präsentiert sie uns eine falsche Weltsicht. Dies ist es, womit wir uns als Nächstes beschäftigen müssen.

# Fünftes Kapitel

# Andere Welten

Die Erde ist die Mitte des Universums, und die Sonne und die Planeten umkreisen sie, während sie gleichzeitig ihre eigenen Mini-Kreisbahnen ziehen: Diese komplizierte und völlig falsche Sicht des Sonnensystems wurde von dem Humanisten Claudius Ptolemäus aus Gedanken des Pythagoras entwickelt.

Zwölfhundert Jahre lang glaubten die Menschen daran, bis um das Jahr 1500 n. Chr. der Christ Nikolaus Kopernikus den Nachweis erbrachte, dass die Planeten, einschließlich der Erde, um die Sonne kreisen. Diese gewaltige Paradigmen-Verschiebung, diese Veränderung unserer Vorstellung von dem Universum, in dem wir leben, hatte tiefgreifende Auswirkungen auf die westliche Kultur.

Heute ist der säkulare Mensch ein Irrläufer im Weltall. Statt sich für das Zentrum von allem zu halten, fragt er sich jetzt, ob er überhaupt irgendetwas ist. Eine einzige schlichte Erkenntnis hat unsere Sicht der Gesamtwirklichkeit radikal verändert. Wir sind zu einem neuen Weltbild übergegangen.

Unser Weltbild ist das Raster, durch das wir unsere Erfahrungen interpretieren. Es ist eine Ansammlung von Vorstellungen und Grundannahmen, die uns hilft, uns auf das Leben einen Reim zu machen. Sobald wir eine oder mehrere dieser Grundannahmen verändern, ist das etwa so, als ob wir zum ersten Mal sehen könnten.

Zum Beispiel glaubten Nichtchristen früherer Zeiten, der schwarze Mensch sei eine untermenschliche Spezies. Angesichts dessen gab es keinen Grund, warum er nicht wie ein Tier ins Joch genommen und zur Arbeit genutzt werden sollte. Dann bewiesen christliche Evangelisten, dass schwarze Sklaven auf das Evangelium ansprachen. Das öffnete vielen die Augen, und es war unübersehbar, was es bedeutete: Die Schwarzen haben menschliche Seelen, sie müssen gleichgestellt werden, und wir müssen sie um Vergebung bitten. Diese Paradigmen-Verschiebung führte zur Abschaffung der Sklaverei und zur Einführung der Charta der Vereinten Nationen und der Europäischen Menschenrechtskonvention. Ein anderes, verändertes Weltbild war die Folge.

Der Grund, warum viele Christen sich bezüglich der *Harry Potter*-Bücher unsicher sind, hat nichts mit der Handlung oder auch damit zu tun, dass darin Zauberei vorkommt (obwohl viele vielleicht denken, das sei der Grund), sondern einfach mit dem darin eingebetteten Weltbild. Um dies richtig einzuordnen, müssen wir die wichtigen Veränderungen verstehen, die im Augenblick in unserer Gesellschaft vor sich gehen.

Veränderungen, die uns zu einem Weltbild führen, das wir als Christen schon im Ansatz in Frage stellen müssen.

Erstens: Das wissenschaftliche Weltbild ist im Schwinden begriffen. Das bedeutet nicht, dass die Wissenschaft am Sterben ist, aber als Mittel zur Interpretation der Wirklichkeit finden denkende Zeitgenossen sie zunehmend unzureichend. Ein logischer Nichts-als-Ismus, der unsere Existenz auf elektrochemische Impulse reduziert, deren zufällige Auswirkungen uns die Illusion der Freiheit verschaffen, wird unserem Menschsein einfach nicht gerecht.

Wissenschaftler, die dergleichen noch lehren, langweilen uns nur noch, und ihre Vorstellungen sind zu einem Treppenwitz verkommen. Der menschliche Geist schreit nach mehr und weiß, dass es auch mehr gibt. Tatsächlich deutet unsere derzeitige Fixierung auf die Informationstechnik an, dass wir das Universum als Information begreifen. Doch jede intelligente Information muss von irgendjemandem stammen; hinter der Information steht ein Informant. Warum hat dieser Informant uns fähig gemacht, diese Information zu empfangen? Und was bedeutet sie?

Zweitens: Der Existenzialismus ist passé! Als Reaktion auf den wissenschaftlichen Determinismus hat er sich als unzulänglich erwiesen. All die Hier-und-jetzt-Erfahrungen, um unser Sein zu beglaubigen, haben keine warme, fürsorgliche Gesellschaft von spirituell empfänglichen Menschen hervorgebracht. Stattdessen hat sich die Gesellschaft in Individualismus und

Konsumdenken verhärtet, und ihre Rock-Gurus sind jetzt einfach nur noch reich. Unser Lechzen nach sofortiger Befriedigung hat uns zu Sklaven einer Fernbedienungsgesellschaft gemacht, die uns Empfindung ohne Bedeutung und Kosten ohne Wert einbringt. Das Kind der Wissenschaft, gegen die wir rebellierten, ist unser Meister geworden.

Drittens ist dem kulturellen Christentum die Kraft ausgegangen. Es gibt immer noch eine Menge Christen von der alten Schule. Aber sie haben sich ins Ghetto zurückgezogen. Oder sie haben die sie umgebende Kultur so sehr in sich aufgesogen, dass sie nichts mehr zu bieten haben, was sie konkret von anderen unterscheidet. Nach innen gekehrt und in Abwehrhaltung, ohne über eine wirkungsvolle Apologetik (eine Verteidigung und Rechtfertigung) zu verfügen, spielt ein solches Christentum in der öffentlichen Diskussion keine Rolle mehr. Was bleibt, ist nur eine Art pragmatischer Ethik – ein gesunder Menschenverstand ohne Christus –, der die Gesellschaft funktionsfähig erhält, aber dabei zunehmend auf Gesetze und Überwachung durch den Staat angewiesen ist. Unser Verhalten wird nicht mehr durch Rücksichtnahme gezügelt, sondern durch Überwachungskameras.

Die kulturellen Kirchen und Gemeinden der alten Schule werden weiter als Denkmal der Vergangenheit bestehen, so wie der Tag der deutschen Einheit oder der Volkstrauertag. Fernsehprediger werden weiterhin ein stattliches Einkommen haben, und die Gemeinden in den Vororten werden sich weiterhin ihrer mittelklassigen Beschaulichkeit erfreuen. Aber für die wirkliche Welt sind sie irrelevant – bloße Konsumenten der populären Kultur, die jämmerlich im Kielwasser der Welt-Agenda hinterherpaddeln. Und die dann mit einiger Verspätung einer Welt, die sich schon längst entschieden hat, noch eine christliche Version derselben Kultur hinterhertragen.

Der Niedergang dieser drei großen Weltbilder ist das, was uns die postmoderne Welt beschert. Obwohl die Wellen noch eine Weile die versinkenden Inseln der Vergangenheit umspülen werden, steigt schon eine neue Insel aus den Wassern der Menschheitsgeschichte auf. Sie heißt Neuheidentum.

Neuheidentum ist der Glaube an Spiritualität statt Religion und an Technik statt Beziehung. Der Neuheide ist nicht unbedingt ein finsterer Dämonen-Anbeter. Aber wenn er tatsächlich rituelle Opfer im verbreiteten Sinn des Wortes darbringt, dann tut er es wohl eher, um «Energien» zu beeinflussen, als um die Götter milde zu stimmen.

Im Grund hat seine Spiritualität überhaupt wenig mit einem transzendenten Gott oder mit Göttern zu tun. Was er jederzeit zugeben wird, ist, dass das Leben voller Geheimnisse ist und dass die Summe aller Lebensenergien etwas erschafft, das größer ist als das Ganze. Darum wird er die Erde verehren und der Verbindung zwischen *Mater*ial und *Mater* (Mutter) die Ehre erweisen. Er wird die Natur als weiblich und in einem unpersönlichen Sinn als Gott behandeln.

Unser Neuheide wird sich auf eine Reise begeben, um die Spiritualität in seinem Innern zu entdecken, aber wie er das tut, wird ganz von seinem Temperament abhängen. Vielleicht sieht er diese Spiritualität als künstlerische Sensibilität oder ökologisches Bewusstsein, vielleicht auch als die Kraft positiver Visualisierung, als sexuelle Vitalität, mystische Vereinigung oder als Einfluss auf andere.

Was auch immer seine Zielvorstellung ist, er wird begierig sein, Techniken zu entdecken, die ihm helfen, sie zu verwirklichen. Diese Techniken reichen von Pilgerfahrten zu alten spirituellen Stätten bis hin zur Schaffung einer Feng-Shui-gerechten Arbeitsumgebung. Amulette, Meditationskristalle, Statuen, sexuelle Fetische, Öl-Essenzen – das ganze Arsenal kann eingesetzt werden, um die kosmische Kraft zu seinem Vorteil umzulenken.

Ein solcher Mensch wird sich vielleicht mit der Hilfe eines Gurus weiterentwickeln und geheime Mantras oder Zaubersprüche erlernen. Er wird sich mit Gleichgesinnten vernetzen und vielleicht irgendwann eine kosmische oder mystische Verbindung entwickeln, die ihn befähigt, den seelischen und körperlichen Zustand anderer zu beeinflussen. Wenn er weit genug reist, schafft er es vielleicht, ein materialistischer Magier zu werden – im Prinzip nichts anderes als ein säkularisierter Zauberer. C. S. Lewis sah diesen Trend mit bemerkenswertem Scharfblick voraus, als er seine *Dienstanweisung für einen Unterteufel* schrieb:

«Haben wir erst einmal unser vollkommenes Meisterwerk hervorgebracht – den materialistischen Magier, den Menschen, der das, was er ‹Kräfte› nennt, nicht nur gebraucht, sondern geradezu anbetet, doch gleichzeitig die Existenz von ‹Geistern› leugnet –, dann wird das Ende des Krieges in Sicht sein.»

In diesem heraufziehenden Weltbild nehmen die Begriffe «Richtig» und «Falsch» eine andere Bedeutung an, als sie in der Vergangenheit hatten. Der Wissenschaftler sieht Richtig und Falsch in Bezug auf die Beweisbarkeit einer Theorie, der Existenzialist in Bezug auf die verbindliche Entscheidung für oder gegen einen Sprung ins Dunkle, der Christ in Bezug auf den Gehorsam oder Ungehorsam gegenüber den Geboten Gottes. Der Wissenschaftler korrigiert sich, indem er seine Logik überprüft, der Existenzialist, indem er Mut fasst, und der Christ, indem er Buße tut und Erneuerung erfährt. Der Neuheide dagegen ist pragmatisch. Hat die Technik gewirkt, um die Sache der spirituellen Erleuchtung weiterzubringen? Haben wir genug Energie vernetzt, um gute Magie hervorzubringen?

All dies bringt uns dazu, das Weltbild zu betrachten, das in *Harry Potter* zum Ausdruck kommt. Fairerweise muss gesagt werden, dass dieses Weltbild der Sichtweise der Autorin entsprechen kann oder auch nicht. Schließlich handelt es sich bei diesen Büchern um fiktionale Werke. Aber eins steht fest: Sie spiegeln tatsächlich den Trend in unserer post-christlichen, post-modernen Gesellschaft wider.

Vielleicht liegt die Attraktivität dieser Bücher auch zu einem nicht geringen Teil darin, wie sie den Trend zum Neuheidentum verstärken. Wenn dem tatsächlich so ist, haben wir es weniger mit traditioneller Zauberei als vielmehr mit einem spirituellen Säkularismus zu tun – wenn auch Letzterer höchstwahrscheinlich dazu führen wird, dass wir in die Erstere zurückfallen.

An dieser Stelle brechen die Vergleiche mit C. S. Lewis und J. R. R. Tolkien zusammen. Jene Autoren gingen in ihren Werken von einem gänzlich anderen Weltbild aus. Außerdem wandten sie sich an eine Kultur, die immer noch an einem christlichen Konsens festhielt und die moralischen und geistlichen Richtlinien der Bibel akzeptierte. Heute leben wir in einer ganz anderen Welt, was zum Beispiel daran ersichtlich wird, wie Gandalf inzwischen von New Agern vereinnahmt wird. Der Gott der Bibel passt nicht in die Welt von *Harry Potter*, und er kann auch nicht hineinpassen.

In typisch neuheidnischer Manier trifft Harry Potter seine erlösenden Entscheidungen ohne die Hilfe eines höheren Wesens. Es gibt keine Inspiration von oben, keinen Geist Gottes, der an ihm wirkt. Seine Welt ist tatsächlich eine geistlose Welt: eine Welt, die gefärbt ist von den westlichen Werten der Vernunft und der Technik. Und eine Welt, in der Manipulation unterrichtet werden kann wie ein Schulfach. Es ist eine Art säkularer Schamanismus, bei dem die moralischen

Entscheidungen nur mit dem Zweck zu tun haben, für den der Schamane seine Kraft einsetzt. Ob man solche Techniken überhaupt einsetzen sollte, das ist keine moralische Frage mehr. Das ist nun allerdings in geistlicher Hinsicht gefährlich. Denn wenn wir etwas zu manipulieren versuchen, das wir für nichts weiter als eine Kraft halten, könnten wir dabei sowohl Gott als auch dem Teufel in die Quere kommen.

In unserer humanistischen Arroganz bilden wir uns gern ein, wir könnten Gut und Böse beherrschen – eine Versuchung, die so alt ist wie der Sündenfall. Doch in Wirklichkeit können wir das nicht. Wir brauchen die Hilfe Gottes selbst. Und wenn wir uns diese Tatsache nicht bewusst machen, kann es uns passieren, dass wir uns zum dressierten Tanzbären des größten Machtfreaks aller Zeiten machen.

Täuschen wir uns nicht: So gerne wir es auch verleugnen würden, hinter dem Bösen steht ein intelligenter Geist, den wir Satan nennen. Darum lehrte Jesus uns zu beten: «Führe uns nicht in Versuchung, sondern erlöse uns von dem Bösen.»

Dazu noch einmal die *Dienstanweisung für einen Unterteufel* von C. S. Lewis: «Es gibt zwei gleich schwere, einander entgegengesetzte Irrtümer, die wir Menschen bezüglich der Teufel begehen können. Der eine besteht darin, nicht an ihre Existenz zu glauben. Der andere ist, an sie zu glauben und ein übertriebenes und ungesundes Interesse an ihnen zu zeigen. Sie selbst freuen sich über beide Irrtümer gleichermaßen und schließen den Materialisten ebenso herzlich in die Arme wie den Geisterbeschwörer.»

Hilfreiche Worte für jeden, der im Reich des Geistes herumstolpern will!

Eine der unappetitlichen Konsequenzen des Neuheidentums mit seinem Schwergewicht auf Erleuchtung und Meisterung spiritueller Techniken ist, dass es unvermeidlich zu elitärem Klassendenken führt.

In der Schule lässt man Harry Potter manches durchgehen, weil er ein besonderes Kind ist, ein Schützling des Schulleiters Dumbledore. Nur solche, die als rachsüchtig dargestellt werden, bestehen darauf, dass er sich an die Regeln hält und seine Strafen bekommt. Der «erleuchtete» Dumbledore bestärkt ihn durch ein heimliches Bündnis sogar noch darin, die Regeln zu übertreten. Dieses Elitedenken ist nur ein Aspekt der gesamten Parallelkultur, denn Harry Potters Welt besteht ja aus einer Geheimgesellschaft im Verborgenen agierender Auserwählter, die sogar ihre eigene Schule, ihre eigene Bank und ihre eigenen Geschäfte haben, zu denen man nur durch geheime Passwörter und Zaubersprüche gelangt. Es ist eine höhere Klasse von Menschen, die über verborgenes Wissen und angeborene Fähigkeiten verfügen, die ihnen große Vorteile gegenüber geringeren Sterblichen verschaffen. Die südafrikanische Apartheid hätte sich mit solchen Unterscheidungen gut anfreunden können.

Infolgedessen werden uns einige grobe kulturelle Klischees präsentiert. Nirgendwo ist das deutlicher zu sehen als bei der abscheulichen Familie Dursley. Die Dursleys sind selbstsüchtige Kleinbürger, ahnungslose Störenfriede mit einer mittelalterlichen Einstellung zur Magie. Doch während ihr Verhalten unentschuldbar ist, gilt das keineswegs für ihre Geburt. Die Hälfte von Großbritannien besteht aus gewöhnlichen Bürgern der Mittelklasse, die ohne jedes eigene Verschulden ihrer regelmäßigen, wenn auch langweiligen Tätigkeit nachgehen und in ganz gewöhnlichen Vororthäusern wohnen.

Vielleicht werden die Dursleys ja bis zum Ende der Serie noch erkennen, wer Harry Potter wirklich ist und dass sie ihm Dank schulden. Aber wenn sie nicht in eine solche Lage gezwungen werden, gibt es keine Rettung für die Dursleys. Sie sind nun einmal als Muggel geboren und erzogen, und das Gesetz der Geburt ist alles.

Was für die Dursleys gilt, gilt auch für alle anderen Muggel. Wer nicht zu den Auserwählten gehört, für den gibt es kein echtes Leben, sondern nur banale Mittelmäßigkeit. Und da die Geburt einen zur Hexe oder zum Zauberer macht, kann man sich auch nicht verändern, und für so einen Menschen gibt es, wenn man die Magie als Metapher für geistliche Werte auffasst, keine Hoffnung. Man ist einfach auf der falschen Seite geboren. Dieser Gedanke der wenigen Auserwählten ist die krasseste Form des Elitismus; gewöhnliche Sterbliche dürfen nicht einmal einen Blick in diese Welt werfen. Ein hinduistisches Kastensystem könnte nicht grausamer sein. Wie anders ist da Jesus, der sich als Freund der Muggel zeigte, wie sehr die elitären Pharisäer ihn auch dafür verhöhnten!

In einer Welt, die auf so strengen Regeln beruht, gibt es keinen Raum für Gnade. Sie ist also kein sehr fröhlicher Ort. Die Kinder haben zwar ihren Spaß, aber sie scheinen eigentlich keine innere Freude zu haben. Harry Potters Welt ist bitter und blass, oft trostlos und düster, voller Spuren des Bösen und der moralischen Zweideutigkeit. Anne McCain hat sie mit der «zunehmend düsteren ... verschlungenen Landschaft und Psychologie der Batman-Filme» verglichen (*World on the Web*, 30.10.99). Elizabeth Mounce sagte vor dem South Carolina Board of Education: «Die Bücher haben einen ernsthaften Unterton von Tod, Hass, Mangel an Respekt und schierer Bosheit.» Die Figuren sind einer realen, unheimlichen bösen Macht ausgeliefert, die alle fürchten müssen.

Es ist anzumerken, dass das erste *Harry Potter*-Buch auf der putzigen Ebene des klassischen Schuljungen-Humors geschrieben ist, was viel dazu beiträgt, seine ernsteren Züge zu relativieren. Hier gibt es noch kein echtes Grauen, keine langsam ansteigende psychologische Spannung, die Alpträume verursachen könnte. Es ist der Stoff von Disneys *Zauberlehrling*.

Doch bis zum vierten Band wird das ganz anders. Die Magie ist viel ernsthafter geworden, und vieles deutet darauf hin, dass sie in den folgenden Bänden noch düsterer wird. Sicher, die Autorin möchte, dass ihre Leser mit Harry Potter zusammen älter werden, während er seine Schulzeit durchlebt. Doch muss denn das Leben düsterer werden, wenn wir uns dem Erwachsensein nähern? Viele von uns haben im Gegenteil festgestellt, dass das Leben viel schöner wurde, als wir älter wurden, und in meinem persönlichen Fall schloss dies das Leben unter dem Schatten der Bombe ein. Warum diese pathologische Trostlosigkeit?

Ganz ähnlich ging es in der Welt des alten Heidentums zu, in der die alten griechisch-römischen Mythen entstanden und in der die Erlösung schwer zu erlangen war. Das Leben war kurz und voller Angst. Umgeben von namenlosem Grauen, ohne zu wissen, woher sie kamen und wohin sie gingen, wandten sich die Menschen an okkulte Meister, deren Zauberkünste ihnen etwas Trost gegen die Ungewissheiten des Schicksals zu bieten schienen. Ein großer Trost war es nicht.

Doch die Erlösung kam in die heidnische Welt. Eines Tages begann eine Armee ganz gewöhnlicher Leute – die keine Waffen tragen wollten, dafür aber Wunder wirken konnten – eine neue Geschichte zu erzählen, wo immer sie hinkam. Die Geschichte handelte nicht von einem verehrungswürdigen Zauberer, auch nicht von einem speerwerfenden Kriegshelden oder einem laserbewehrten Himmelskämpfer. Also nicht von Gestalten, die vielleicht alle ebenso furchteinflößend gewesen wären wie die Feinde, die zu besiegen sie gekommen waren.

Stattdessen war es die einfache Geschichte von

dem Tag, als Gott, der Schöpfer, die Gestalt eines Babys annahm, um unser Leben zu leben und unseren Tod zu sterben und so gewiss wie der Wechsel der Jahreszeiten wieder aufzuerstehen, um der Welt Leben zu bringen. Die Geschichte handelte von unschuldigem Blut, das für die Sünden der Schuldigen vergossen wurde, von der Verheißung eines Lebens nach dem Tod, von der Adoption der Menschen in die Liebe und Gnade Gottes.

Eine solche Botschaft war bereits in der Ordnung der Natur niedergeschrieben und in den Mythen der Vergangenheit angedeutet. Sie konnte die Kultur verwandeln, ohne sie zu beseitigen, so dass das Beste in ihr gereinigt und das Schlechte entfernt wurde. Ohne dass Gewalt dazu nötig war, wurde diese Botschaft von Juden, Griechen, Römern, Persern und Kelten gleichermaßen angenommen, weil sie im wahrsten Sinne des Wortes eine bessere Geschichte war.

# Sechstes Kapitel

# Eine bessere Geschichte

Das Christentum alter Schule mag als kulturelle Kraft im Westen am Ende sein, doch der Glaube selbst ist so lebendig wie eh und je. Mit seinen Wurzeln, die älter sind als die Zeit selbst, ist er nach wie vor so frisch wie ein Frühsommermorgen und steht an der Schwelle eines umfassenden Wiedererstarkens. Was für ein krasser, fröhlicher Kontrast gegenüber der trostlosen Welt des Heidentums, in welcher der Winter nie wirklich endet und der Frühling für immer ungewiss bleibt!

Joanne Rowling malt die heidnische Szene gut aus. In Hogwarts wird zu Weihnachten das Licht ohne die Quelle des Lichts gefeiert. Es ist ein Festmahl ohne den Ehrengast. Geschenke werden ausgetauscht, aber niemand empfängt den, der sich uns selbst geschenkt hat. Keine Engelsstimme, kein Lobpreis erklingt dort, denn kein Retter wird geboren, und in der Krippe liegt kein Kind. Stattdessen steht uns ein weiteres Jahr unter dem düsteren Schatten Voldemorts bevor.

In der Wirklichkeit dagegen ist uns «ein Kind geboren, ein Sohn ist uns gegeben, und die Herrschaft ruht auf seiner Schulter; und er heißt Wunder-Rat, Gott-Held, Ewig-Vater, Friede-Fürst» (Jesaja 9,5).

Unter all den großen religiösen und säkularen Denkweisen der Welt bietet nur der christliche Glaube eine tragfähige Grundlage für die Hoffnung. Denn nur der christliche Glaube lehrt, dass Gnade und Wahrheit in Jesus von Nazareth, dem Sohn Gottes, menschliche Gestalt annahmen. Nur der christliche Glaube stellt uns einen Gott vor, der sich selbst auf eine Art und Weise offenbart, die wir verstehen können.

Denn Jesus ist weder Superman noch E.T. Er ist ein Mensch wie wir, der fühlt wie wir, begrenzt ist wie wir, der aber vom Heiligen Geist gesalbt ist und demonstriert, wie Gott in den Schmerz und die Verwirrung des menschlichen Erlebens eingreift. Wer würde nicht staunen über die Worte und Werke dieses Mannes, dessen Blick einem das Herz in Brand setzen konnte, dessen Stimme den Sturm beruhigen und die Seele aufrühren konnte, dessen starke Hände die Kranken heilen und die Toten auferwecken konnten? Was sollte uns davon abhalten, dem guten Hirten zu folgen, der für seine Schafe sein Leben gibt? Denn Jesus stirbt als williges Opfer für andere. Er reißt die Fassaden der Religion ein, hält dem satanischen Ankläger mit unanfechtbarer Gerechtigkeit stand und gewinnt selbst das Herz des Zynikers mit der größten Demonstration bedingungsloser Liebe, die je gezeigt wurde.

Dann weckt Gott ihn von den Toten auf. Der Fürst des Lebens erhebt sich siegreich über den größten Feind, um allen, die glauben, Leben und Hoffnung zu bringen und um die Fesseln der trügerischen Nacht zu zerreißen. Er durchschreitet die Ränge der geringeren Mächte, die voll Ehrfurcht zu ihm blicken, als er als Herr über alles seinen Platz zur Rechten Gottes einnimmt und die Nationen als sein Erbe empfängt. Daraufhin entsendet er als Haupt der Gemeinde seinen Heiligen Geist, um durch das Leben, die Worte und die Wunder seines Volkes die Vergebung der Sünden, die Versöhnung mit dem Vater, die Freiheit von Satans Würgegriff und ein Leben in endloser Verwandlung in der Gemeinschaft der Gnade zu verkündigen.

Es ist wahr, dass diese Gnade oft von den Christen selbst zur Gesetzlichkeit oder auch zu einem Freibrief für die Sünde verfälscht wird. Und die Wahrheit wird manchmal zu einer Frage von Meinungen und kirchlicher Opportunität degradiert. Aber das sind Irrtümer. Die Wahrheit ist, dass Christus nicht korrumpierbar ist und dass alle wahrhaft Suchenden ihn finden werden.

In diesem Evangelium steckt ein allgemeiner Appell, der niemanden von dem Angebot der Erlösung ausschließt. Die freiwillige Demut von Jesus ist der absolute Gegensatz zu den stolzen menschlichen Hierarchien. Jesus gab seine rechtmäßige trinitarische Gleichheit mit Gott freiwillig auf, um wie einer von uns zu werden – und sogar noch niedriger. Und aus diesem Grund schließt das Evangelium niemanden wegen seiner Geburt, seines Geschlechts, seiner Bildung oder seines wirtschaftlichen Standes aus. Zauberer und Muggel können gleichermaßen gerettet werden! «Denn durch den Glauben an Jesus Christus seid ihr nun alle zu Kindern Gottes geworden. Ihr gehört zu Christus, weil ihr auf seinen Namen getauft seid. Jetzt ist es nicht mehr wichtig, ob ihr Juden oder Griechen, Sklaven oder Freie, Männer oder Frauen seid: in Christus seid ihr alle eins» (Galater 3,26–28).

Tut mir Leid, ihr modernen Egalitaristen, Feministen, Sozialisten, aber Jesus war zweitausend Jahre vor euch da, und er trat ohne Erbitterung und Gewalt für seine Sache ein und wechselte auch nicht eine Tyrannei gegen eine andere aus.

Doch das Evangelium nimmt nicht nur alle gleichermaßen auf, sondern es verschafft jedem Menschen gleichberechtigten Zugang zu dem Mysterium des Glaubens – es ist ein offenes Geheimnis, das jeder unter der Anleitung des Heiligen Geistes erforschen kann. Beim geistlichen Wachstum kommt es nicht darauf an, geheime esoterische Techniken zu meistern, sondern darauf, eine liebevolle Beziehung zu dem Allmächtigen zu entwickeln: «Ich wünsche euch vielmehr, daß ihr in euerm Leben immer mehr die unverdiente Liebe und Gnade unseres Herrn und Retters Jesus Christus erfahrt und ihn immer besser kennenlernt» (2. Petrus 3,18).

Das bedeutet, dass wahre Nachfolger Christi nicht nach einer Sammlung sorgfältig kultivierter Regeln leben, womöglich komplett mit Verdienstorden, sondern durch eine lebendige Beziehung zu Jesus, der das Gesetz Gottes wahrhaft erfüllt. Diese Beziehung beginnt mit einer inneren Veränderung, die so durchgreifend ist, dass sie nur als eine geistliche Neugeburt beschrieben werden kann. Und sie führt zu einem Leben, das erfüllt ist von der dynamischen Energie des Heiligen Geistes und in dem der Gehorsam gegenüber dem Willen Gottes immer mehr zu einem lebendigen Instinkt der Gnade wird.

Statt die Bergpredigt als eine neue Sammlung von Lebensregeln aufzufassen, die uns von außen auferlegt werden, entdeckt der Gläubige dieses Gesetz der Liebe, das in sein Herz geschrieben wird, so dass er dieses Gesetz aus freien Stücken durch die Liebe zu Gott und die Liebe zu seinen Nächsten ausleben kann.

Somit legte die Botschaft des Evangeliums das Fundament für echte Gemeinschaft und hat in der Geschichte den größten Anreiz zu einer aufgeklärten Zivilisation geliefert, ungeachtet aller Korruption und Widerstände bei Königen und Politikern. Dieses Evangelium ist es, dem wir unsere Demokratien verdanken, unsere allgemeine Schulbildung, unser Gesundheitswesen und unsere sozialen Einrichtungen. Diese gute Nachricht, der wahre Mythos, durchbrach durch die in ihm liegende Kraft den Zynismus und die Verzweiflung der heidnischen Welt, weil er den wirklichen Bedürfnissen der Menschen mit einer wirklichen Lösung begegnete.

Das Problem ist nur, dass jeder zwar gerne das haben will, was die Christen haben – aber bitteschön ohne die Botschaft, durch die es überhaupt erst erreichbar wird. Die Welt ist voller Heuchler! Politische Systeme können nun einmal nicht etwas hervorbringen, was nur die Gnade zu tun imstande ist. Bestenfalls können sie es nachäffen. Noch weniger Erfolg wird dem Neuheidentum beschieden sein. Darum wäre es töricht, zu meinen, nur weil der *Harry Potter*-Mythos gewisse aufwertende Züge und moralische Werte enthält, sei er irgendwie christlich. Das ist er einfach nicht.

Natürlich erkennt auch das moderne Heidentum die Realität von Gut und Böse, aber weil es die Ursache dafür verkennt, ruft es nach nicht mehr als einem Helden. Heldentum galt den heidnischen Griechen als die größte Tugend – womit Jesus übereinstimmte, als er sagte: «Die größte Liebe beweist jemand, der sein Leben für die Freunde hingibt» (Johannes 15,13) – und Jesus selbst ist diesbezüglich der größte Held, der je lebte.

Doch dazu müssen wir viel weiter gehen als Harry Potter. Harry empfängt zwar vielleicht in seinen Augenblicken der größten Not Inspiration aus der Liebe seiner Mutter. Aber er empfängt keine Inspiration von Gott. Die Liebe einer Mutter, die sie dazu treibt, ihr Kind zu retten, ist instinktiv. Jesus dagegen beschloss aus freien Stücken und unter keinem geringerem Druck als dem seiner Liebe zu den Sündern, sein Leben für uns – für seine Feinde! – hinzugeben. Das ist wahre Inspiration!

Im Kern des christlichen Evangeliums stecken der Tod und die Auferstehung Christi. Jesus war nicht einfach nur ein Held, der den Teufel verprügelte oder der uns dazu inspirierte, die dunkle Seite unserer Seelen zu überwinden. Er hat für uns gesühnt. Das ist die Lehre, die modernen Heiden verhasst ist. Zu sagen, dass wir Versöhnung durch ein Blutopfer brauchen, ist eine Beleidigung für sie, denn in ihrer Welt ist jeder Mensch gut, solange er nicht durch andere korrumpiert wird – eine Halbwahrheit, die unter dem Strich einen ganzen Irrtum ergibt! Ob es uns passt oder nicht, in uns allen steckt ein fundamentaler und fataler Egoismus, der uns danach streben lässt, wie Götter ohne Gott zu sein. Wir haben von dem falschen Baum gegessen, und seine Frucht hat uns tödlich vergiftet. Darum war es nötig, dass jemand an einem «Baum» starb, um uns zurück zum Leben zu bringen.

«Aber wie sah euer Leben früher aus? Ihr seid Gott ungehorsam gewesen und habt gegen ihn rebelliert. Für ihn wart ihr tot. Die Sünden dieser Welt waren eure Sünden, und ihr wart dem Satan verfallen. Sein böser Geist beherrscht auch heute noch das Leben aller Menschen, die Gott nicht gehorchen. Zu ihnen haben wir früher auch gehört, damals, als wir eigensüchtig unser Leben selbst bestimmen wollten. Wir haben den Leidenschaften und Verlockungen der Sünde nachgegeben, und wie alle anderen Menschen waren wir dem Zorn Gottes ausgeliefert. Aber Gottes Barmherzigkeit ist groß. Wegen unserer Sünden waren wir in Gottes Augen tot. Doch er hat uns so sehr geliebt, daß er uns mit

Christus neues Leben schenkte. Haben wir das verdient? Niemals! Das verdanken wir allein der Gnade Gottes. Durch den Glauben an Christus sind wir dem Tod entrissen und haben einen Platz in Gottes Reich» (Epheser 2,1–6).

Das dürfte die positivste Psychologie der Welt sein. Denn sie befreit uns wirklich von den Fesseln unserer Vergangenheit und bietet uns die Macht und die Gegenwart Gottes für unser zukünftiges Leben. Hier geht der Winter wirklich zu Ende, und der Sommer beginnt.

In der Welt der Christen wirken die verschönernde, stark machende Gnade des Heiligen Geistes und die erlösende Kraft Christi auf die Kümmernisse und Verworfenheiten des Lebens ein. Dies ist nicht eine Welt düsterer Dämonen, sondern eine Welt strahlender Gemeinschaft, freimütig geschenkter Gaben und großzügig erwiesener Gnade. Sie verwickelt uns in einen geistlichen Kampf, doch dabei steht uns eine ganze Welt von Engeln zur Seite, die für die Erwählten kämpfen. Natürlich gibt es auch Dämonen und Mächte und Gewalten, und manchmal wird der Kampf sehr hart. Doch der Sieg ist gewiss durch den Namen Jesu und sein Blut, das auf Golgatha vergossen wurde.

Diese Botschaft der Gnade zu verkünden, ist die Berufung und der Auftrag der Gemeinde. Wir als Christen sind eine apostolische Gemeinschaft, die entsandt und bevollmächtigt ist, die gute Nachricht von Jesus Christus jedem Menschen auf diesem Planeten ohne Furcht oder Bevorzugung zu verkündigen. Wir haben nicht den geringsten Anlass, uns dieser Botschaft zu schämen. Denn in ihr liegt Gottes Kraft, Menschenleben zu verändern. Und das tut sie in dieser Zeit mit beständig steigender Wirksamkeit rund um den Globus.

Die missionarische Gemeinde ist schon viele Male in der Geschichte mit dem Heidentum zusammengestoßen und hat sie jedes Mal überwunden, indem sie auf militärische Macht oder Täuschung verzichtete. Stattdessen hat sie die schlichte Geschichte von Jesus erzählt, allen Menschen eine schutzlose Liebe gezeigt, ihr Leben in fröhlicher Frömmigkeit gelebt und bessere Wunder gewirkt als die Heiden. All dies hat sie aus tiefer Dankbarkeit gegenüber Jesus getan, und mit der beharrlichen Leidenschaft, seine gnädige Herrschaft in den Herzen und im Leben von Männern und Frauen in aller Welt aufgerichtet zu sehen. Es ist Zeit, eine neue Generation auf diese unvollendete Aufgabe vorzubereiten.

# Siebtes Kapitel

# Kinder zur Weisheit führen

Kinder zur Weisheit zu führen ist eine fundamentale Aufgabe, vor der wir uns nicht drücken dürfen. Wenn wir es nicht tun, wird jemand anderes es versuchen. Und wenn wir nicht genau wissen, welche Qualifikationen und Motive diese Anderen mitbringen, ist es ratsamer, wenn wir diese Aufgabe selbst übernehmen.

Weisheit beginnt mit Schutz. Als meine Mutter mir die Augen zuhielt, um zu verhindern, dass ich mit meinen vier Jahren die Folgen eines grauenhaften Verkehrsunfalls zu sehen bekam, hatte sie völlig Recht. Das mag sich selbstverständlich anhören. Aber es ist erstaunlich, wie viele Eltern es zulassen, dass ihre Kinder sich Sendungen voller Gewalt und exzessivem Sex im Fernsehen anschauen. Und wie viele Eltern ihren Kids den völlig uneingeschränkten Zugang zum Internet gestatten. Ganz zu schweigen davon, dass sie sich nicht im mindesten dafür interessieren, was die Kinder lesen. Das ist nicht nur dumm, es ist regelrecht verantwortungslos.

Wie schon gesagt: Die Bilder, die uns in der Kindheit eingepflanzt werden, beeinflussen ganz ohne Zweifel unser späteres Leben. Alle Eltern, Lehrer und Jugendmitarbeiter haben die Verantwortung, eine gewisse Zensur über das Material auszuüben, dem die Kinder in ihrer Obhut ausgesetzt sind. Und darin muss auch das eingeschlossen sein, was im Klassenzimmer vor sich geht.

Als kulturelle Torhüter müssen wir wissen, wann wir Vorsicht üben und wann wir ein striktes Verbot aussprechen sollten. Manches wird nie geeignet sein, weil es nach Absicht und Inhalt von Grund auf böse ist. Bei anderen Dingen kann es auf das Alter und die Empfindlichkeit des jeweiligen Kindes ankommen. Allein die Tatsache, dass etwas als unterhaltsam gilt oder dass «alle es lesen», reicht noch nicht als Rechtfertigung aus, um auch die eigenen Kinder daran teilnehmen zu lassen.

Freilich sollten wir uns vor undurchdachten Reflexreaktionen hüten. Wenn wir aus den falschen Gründen überreagieren, zum Beispiel nur, weil im Titel «Gruselwörter» wie etwa *Hexe* oder *Gespenst* vorkommen, werden unsere Kinder uns wahrscheinlich für erbärmlich, bemitleidenswert und weltfremd halten.

Haben die Kinder den Respekt vor unserem Urteil erst einmal verloren, werden sie sich ihre eigenen Urteile bilden – aber ohne die Lebenserfahrung, die uns lehrt, wo die sicheren Grenzen liegen. Oder aber sie wachsen mit einer paranoiden Furcht heran und trauen sich nicht, irgendetwas zu lesen oder anzuschauen, was kein Kreuz oder keine heilige Taube auf dem Umschlag hat, weil sie meinen, sonst könnten sie sich verseuchen. Die Folge kann sein, dass sie als Erwachsene entweder zu blinden Frömmlern werden oder über die Stränge schlagen, sobald sie das Vergnügen entdecken, das ihnen so lange vorenthalten wurde.

Selbst wenn wir es für angebracht halten, bestimmte Materialien aus dem kulturellen Speiseplan unserer Kinder zu verbannen, sollten wir sorgfältig darauf achten, dass sie sich dadurch nicht benachteiligt oder bestraft fühlen. Bieten Sie ihnen stattdessen etwas Besseres an. Ein guter Ersatz ist immer besser als ein einseitig striktes Verbot.

Unsere Aufgabe als Christen ist es, in der Welt aktiv präsent zu sein. Statt immer nur gegen alles zu reagieren, was uns missfällt, sollten wir die bessere Botschaft des Evangeliums propagieren. Ohne Scham sollten wir seine Werte auf jeden Aspekt unseres Lebens und des Lebens unserer Kinder anwenden. Zensur allein genügt nicht. Wir müssen unseren Kindern beibringen, selbst zu denken, den Unterschied zwischen Gut und Böse zu erkennen und diese erworbene Weisheit gut zu nutzen, um den Glauben bei sich selbst und bei ihren Freunden zu fördern.

Das ist ein erlernbarer Prozess. Die Fähigkeit, zwischen Gut und Böse zu unterscheiden, kommt durch Erfahrung: «Nur wer erwachsen und reif ist, kann feste Nahrung zu sich nehmen. Ich meine: Nur wer im ständigen Gebrauch des

Wortes Gottes seine Urteilsfähigkeit geschult hat, der kann auch zwischen Gut und Böse unterscheiden» (Hebräer 5,14). Wir dürfen von unseren Kindern nicht erwarten, dass sie mit einem Schlag weise werden! Weisheit kommt auch nicht durch angestrengtes Büffeln – was für manche eine Erleichterung sein dürfte –, sondern durch die Erneuerung von unserem Geist und unserem Körper, die wir Gott zur Verfügung gestellt haben.

Wenn wir unsere Kinder zur Weisheit führen wollen, müssen wir vieles von dem, was sie lesen und anschauen, *ebenfalls* lesen und anschauen. Und wir müssen dafür sorgen, dass über diese Dinge jederzeit gesprochen werden kann.

*Harry Potter* ist nicht der beste Einstiegspunkt für kleinere Kinder. Aber bei Kindern von, sagen wir, elf Jahren an aufwärts bieten die *Harry Potter*-Bücher in der Tat eine Gelegenheit, zum ethischen und geistlichen Nachdenken anzuregen. Bei jüngeren Kindern, das muss auch gesagt sein, gibt es viele bessere Geschichten, die gute Mythen und Abenteuer auf der Grundlage eines theistischen und oft sogar christlichen Weltbildes bieten.

Wir sollten keine Angst davor haben, unsere Kinder Bücher lesen zu lassen, die von Nichtchristen geschrieben wurden oder kein ausdrücklich religiöses Thema haben. Es gibt sogar gute Gründe dafür, religiöse Gestalten möglichst aus Märchen herauszuhalten, so dass in den Köpfen der Kinder kein Zweifel daran entsteht, dass die Märchenfiguren in eine *andere* Kategorie als die Figuren der Heilsgeschichte gehören. Der Weihnachtsmann in einer phantasievollen Geschichte ist beispielsweise schön und gut – aber wenn der Weihnachtsmann nun Jesus oder dem Apostel Petrus begegnete, wäre das ziemlich verwirrend! Gott muss auch nicht ausdrücklich erwähnt werden. Das Weltbild eines Buches kann es möglich machen, dass der Charakter Gottes durch die Figuren in der Geschichte hindurchscheint.

Selbst heidnische Mythen können die Wirklichkeit widerspiegeln. Einer der Gründe, warum die alten Kelten ihre Glaubens-Überzeugungen zugunsten des Christentums aufgaben, war, dass das Evangelium ihnen als die Erfüllung vieler Hoffnungen erschien, die in ihren Mythen und Überlieferungen zum Ausdruck kamen. Da wir in den Büchern von Joanne Rowling eine moderne Geschichte vor uns haben, die nach einem mythischen Muster geschrieben ist, können wir *Harry Potter*, auch wenn er von C. S. Lewis' *Narnia*-Geschichten weit entfernt ist, als Hilfsmittel nutzen, um das Unterscheidungsvermögen unserer Kinder zu stärken.

*Harry Potter* spielt in einer Parallelwelt, die Wechselwirkungen mit unserer eigenen Welt hat. Das wirft die Frage nach dem Wesen der Wirklichkeit auf. Gibt es eine unsichtbare Welt? Können wir sie betreten? Der Film *Matrix* porträtierte beispielsweise eine Parallelwelt nach platonischem Muster, und er brachte viele Studenten und Erwachsene dazu, über eine Alternative zum Materialismus nachzudenken.

Die Bibel deutet auf mindestens drei Bereiche der Wirklichkeit hin: die sichtbare Welt, die himmlischen Gefilde und den dritten Himmel. Wir sollten unsere Kinder und Jugendlichen dazu anhalten, die Offenbarung zu lesen. Natürlich werden sie vieles von der Symbolik noch nicht verstehen, aber das Buch wird ihre Augen für eine Wirklichkeit jenseits des Materiellen und Intellektuellen öffnen. Dies ist das Reich, wo Christus in Herrlichkeit thront; das Reich, wo Christen mit ihm sitzen und an seiner Vollmacht teilhaben. Und es ist auch das Amphitheater, in dem der geistliche Kampf ausgefochten wird. Wie sehr ist Ihren Kindern das bewusst, wenn sie in Schule und Universität ihren Studien nachgehen?

Konflikt ist ein zentrales Thema in den *Harry Potter*-Erzählungen, wie auch in der Bibel. Doch während Harry Potters Welt dualistisch ist, so dass sich Gut und Böse gleich stark gegenüberstehen, betont die heilige Schrift, dass diese Welt von einem guten Schöpfer beherrscht ist, der selbst nicht geschaffen ist. Gott und der Teufel sind nicht gleichrangig. Satan ist nur ein Geschöpf, geistlich zwar, aber eng begrenzt in seinen Attributen. Er kann nicht, wie Gott, überall zugleich sein, alles wissen oder alles tun. Aus diesem Grund sollten Kinder keine Angst vor dem Teufel haben. Stattdessen sollten sie Gott vertrauen und ihm wegen seiner Güte danken. Nutzen Sie die Gelegenheit, um mit Ihren Kindern über Gut und Böse zu diskutieren. Das ist ein wichtiges Anliegen. Im vierten Band lässt Mrs. Rowling sogar den Tod eines Kindes geschehen und bietet so die hervorragende Gelegenheit, über dieses tabuisierteste aller Themen zu sprechen.

Harry Potters Welt ist voll von Tabus und Regeln. Ein solcher Ort hat wenig Raum für die entspannte Offenherzigkeit der Gnade. Natürlich bringt das Leben seine Gefahren mit sich, aber bedeutet das, dass wir ständig in Abwehrstellung sein müssen? Gibt es keinen Platz mehr für Vertrauen in dieser zynischen Welt? Christen haben immer darauf vertraut, dass die Engel des Herrn sie behüten. Wie relevant ist das für Ihre Kinder in der heutigen Welt?

Der Zusammenhang zwischen schweren Depressionen, seelischem Zusammenbruch und den «Dementoren», wie Joanne Rowling sie beschreibt, ist kaum zu übersehen. Ihr erdachter Name für sie ist nicht weit von dem Wort *Dämon* entfernt. Depressionen, Selbstmord und Zusammenbrüche sind heute unter Jugendlichen auf tragische Weise verbreitet. Sprechen Sie mit ihnen darüber, warum das so ist, und reden Sie auch über die Realität von Dämonen und Engeln. Wir haben ein besseres Gegenmittel als den «Patronus», der in der *Harry Potter*-Geschichte angeboten wird. Der Trost durch den Sieg Christi, die Hilfe des Heiligen Geistes, der uns stärkt, und die Vision der zukünftigen Herrlichkeit sind mächtige Waffen. Viele von uns, die den Angriff des Bösen aus eigener Erfahrung kennen, haben unermessliche Kraft in dem Namen Jesus gefunden. Und was den verbotenen «Cruciatus-Fluch» bei *Harry Potter* angeht: Was für ein stärkeres Gegenmittel könnte es geben als die Befreiung, die durch die Kreuzigung Christi errungen wurde?

Die herausragende Tugend der Liebe und Loyalität unter Freunden spielt eine große Rolle bei *Harry Potter.* Sie wird geprüft und durchleuchtet. Manchmal offenbart sie sich als falsch. Und manchmal erweist sich das, was falsch erschien, als außerordentlich wahr. Unsere Kinder müssen unterscheiden lernen, wenn es um Freundschaften geht. Kennen lernen müssen sie auch die ethischen Grenzen der Loyalität. Eine der Torheiten unserer modernen Medien ist es, die Teenagerliebe als eine unfehlbare Tugend darzustellen, die Jugendliche dazu bringt, um ihretwillen gegen jede Autorität und Vernunft zu rebellieren. Helfen Sie Ihren Kindern, den Unterschied zwischen wahrer Liebe und unreifer Schwärmerei zu erkennen.

Die Liebe, die in *Harry Potter* dargestellt wird, ist nobel. Aber begehen wir gleichwohl nicht den Fehler, den einige Geistliche machten, die sie deswegen gleich als christlich bezeichnet haben. Liebe zwischen Menschen gehört zu Gottes allgemeiner Gnade in der Welt; selbst Hitler liebte wohl seine Mätresse Eva Braun. Wahre christliche Liebe gehört in eine ganz andere Kategorie. Jesus rief uns dazu auf, unsere Feinde zu lieben und ihnen zu vergeben. Bis zum vierten Band ist Harry Potter (mit einer einzigen Ausnahme in Band 3) einer solchen Gnade auch nicht ansatzweise nahe gekommen. Das wirft sehr konkrete Fragen für unsere Kinder auf. Was macht man mit dem Klassenraufbold? Wie kann man Leuten vergeben, die unschuldige Menschen zusammenschlagen?

Harry Potter interessiert sich für den Sinn des Lebens und möchte seine Welt erforschen. Von seinem Mentor Dumbledore wird er gewarnt: «Neugier ist keine Sünde, aber wir sollten bei unserer Neugier Umsicht walten lassen.» Wo liegen die Grenzen der Neugier? Wie tief sollten wir in die Geheimnisse der Wissenschaft eindringen? Sollten wir Drogen ausprobieren, um herauszufinden, wie das ist? Wir leben in einer Zeit, die zum Experimentieren ermutigt, besonders im sexuellen Bereich, und das von einem immer jüngeren Alter an. Wann sind wir bereit für solche Erfahrungen? Viele Kinder stehen hier enorm unter Druck, und wir müssen mit ihnen darüber sprechen, wo die Grenzen zu ziehen sind.

Im Internet tauchen ständig neue *Harry Potter*-Websites auf. Die meisten davon werden ein reiner Spaß sein. Doch weiterführende Links könnten Kinder möglicherweise zu Seiten führen, auf denen sie mit «echter» Magie in Berührung kommen. Es gibt Webfilter, die Sex, Gewalt und Flüche abblocken, aber nicht Hexerei. Darum müssen wir unsere Kinder davor warnen, diese anderen Internetseiten zu erkunden.

Da die Bücher Joanne Rowlings von Zauberei handeln, werfen sie die Frage auf, wie wir in der heutigen Welt über Zauberei denken sollen. In *Harry Potter* erfahren wir, dass die Internatsschule Hogwarts «weit weg von neugierigen Muggel-Blicken» erbaut worden war, denn es war «eine Zeit, in der Magie von den gewöhnlichen Leuten gefürchtet wurde und in der Hexen und Zauberer sehr unter Verfolgung litten». Hier äußert die Autorin eine Meinung, die sich auf die wirkliche Geschichte bezieht. Damit wird gesagt, dass wir heute Hexen und Zauberer nicht mehr fürchten sollten, da wir ja jetzt in einer aufgeklärteren Zeit leben.

Es lohnt sich, darüber zu diskutieren, warum und mit welcher Intensität die Gesellschaft in der Vergangenheit Hexen verfolgte und woher die dahinterstehenden Ängste rührten. Sicher würden wir heute Hexen nicht mehr töten wollen, aber gibt es noch etwas zu fürchten? Inwiefern ist es gefährlich, sich mit Hexerei einzulassen? Was sind die möglichen Folgen?

Die Zauberei in *Harry Potter* ist zum größten Teil weit hergeholt und wird humorvoll geschildert. Aber sie hat auch eine durchaus ernste Seite, und in Hogwarts werden die Kinder in ihrem Gebrauch unterrichtet. Dazu kommt, dass man von einigen, die dort geschult werden, bereits weiß, dass sie einen gewissen Hang zur Dunklen Seite haben. Was lehrt uns das über die Gefahren des Umgangs mit dem Okkulten?

Es ist noch zu früh, vorauszusagen, ob Harry Potter sich in den kommenden drei Bänden als eine messianische Gestalt entpuppen wird. Eher ist wahrscheinlich, dass er zu einem Schamanen wird, einem jugendlichen Pop-Helden mit Heilungsgaben. Ob er auch sterben und wieder auferstehen wird, bleibt abzuwarten.

In einer Zeit, in der Kindern eingetrichtert wird, *alle* Religionen seien legitime Wege zu Gott und es gebe kaum einen Unterschied zwischen einem heiligen Mann wie dem Dalai Lama, einem Schamanen, einem Guru, Buddha, Mohammed oder Jesus, ist es notwendig, dass wir die Einzigartigkeit von Jesus Christus betonen. Er ist nicht einfach nur der beste Spieler auf dem Feld; er ist der Einzige. Andere mögen danach streben, aufgrund ihrer spirituellen Leistungen Sohn Gottes genannt zu werden. Jesus war seit jeher der ewige Sohn Gottes, der seine Herrlichkeit ablegte und für eine Weile zu uns kam, um unter uns zu leben: «Obwohl er Gott in allem gleich war und Anteil an Gottes Herrschaft hatte, bestand er nicht auf seinen Vorrechten. Nein, er verzichtete darauf und wurde rechtlos wie ein Sklave. Er wurde wie jeder andere Mensch geboren und lebte als Mensch unter uns Menschen» (Philipper 2,6–7). Die anderen versuchen, sich über die Masse zu erheben. Jesus aber kam freiwillig herab, um sich zu uns zu gesellen. Dieser Unterschied wirft die Frage auf, ob wir uns durch unsere eigenen Werke retten oder ob wir durch den Glauben an Christus gerettet werden.

Jesus vollbrachte seine Werke durch die Kraft des Heiligen Geistes. Und er ruft jeden von uns auf, dasselbe zu tun. Der Schamane nimmt durch Channelling Verbindung zu einem Geist auf und versetzt sich oft in Trance, um zu heilen. Der Christ strebt danach, dass der Heilige Geist Menschen berührt und verändert – eine völlig andere

Kraftquelle! Unsere Kinder können sich in der heutigen Welt leicht ohnmächtig fühlen, doch in Christus steht ihnen Kraft zur Verfügung. Die geistlichen Gaben der Erkenntnis und der Heilung sind nicht nur für christliche Versammlungen bestimmt. Sie sind für die *wirkliche Welt* zu Hause, in der Schule, auf der Universität, am Arbeitsplatz und im Sportverein da. Wir müssen unsere Kinder dazu anhalten und schulen, sie zu gebrauchen. Die Kraft, die dem Christen zur Verfügung steht, wird nicht durch das Verlangen nach Macht freigesetzt, sondern dadurch, dass wir uns dem Willen des Vaters unterordnen. Selbst Jesus kam nicht aus eigenem Gutdünken, sondern um den Willen des Vaters zu tun, der ihn gesandt hatte.

In *Star Wars*, der größten Film-Saga aller Zeiten, lässt Luke Skywalker sein Vertrauen auf seine technischen Fertigkeiten fahren und überlässt sich der *Macht*. In ähnlicher Weise vertraut auch Harry Potter in Krisensituationen eher auf seine angeborenen Instinkte als auf die Regeln. Das wirft die Frage auf, in welchem Maße wir unseren angeborenen Gefühlen trauen sollten. Haben wir uns zu sehr auf die Vernunft verlassen? Was bedeutet es, den Heiligen Geist durch uns wirken zu lassen?

Viele Christen fürchten sich vor Gefühlen und Intuition, weil sie in ihrem Leben so wenig Erfahrungen mit dem Heiligen Geist gemacht haben. Stattdessen leben sie nach einer unbiblischen rationalistischen Weltsicht, die in der postmodernen Welt wirklich niemanden mehr hinter dem

Ofen hervorlockt. Wie sehr können wir auf unsere Instinkte vertrauen, und inwieweit müssen sie durch die Vernunft gezügelt werden? Welchen Platz nehmen Visionen und Symbole im Prozess der Führung ein? Wie können unsere unerfahrenen Kinder und Jugendlichen den richtigen Weg finden?

Harry Potters Instinkte veranlassen ihn manchmal dazu, gegen Regeln der Schule und der Moral zu verstoßen. Hier bietet sich an, über die Rolle absoluter moralischer Forderungen zu sprechen. Wie steht es zum Beispiel mit Notlügen oder mit Diebstahl, um den Armen zu helfen? Ist es gerechtfertigt, Bomben auf unschuldige Menschen zu werfen, weil sie von einem Diktator beherrscht werden, den wir nicht mögen? Wenn wir für unsere guten Zwecke dieselben Waffen einsetzen wie das Böse, so wie es Harry Potter tut, was sagt uns das über Mittel und Zwecke? Wichtige Fragen, Leute!

Typisch für eine neuheidnische Welt ist ein gewisser moralischer Relativismus in *Harry Potter*. Vorgestellt als eine entfremdete, autonome Figur, ein Außenseiter-Held, ist er manchmal töricht, aber niemals böse. Seine Suche ist demnach nicht auf moralische und geistliche Erlösung ausgerichtet, sondern auf Weisheit. Gerettet wird er durch Gnosis (besondere Erkenntnis), nicht durch innere Reinigung. Wenn er Demut zeigt, dann nur gegenüber seinen Gurus; als Auserwählter hat er Buße nicht nötig.

Diese Kombination aus seiner Entfremdung und seiner Begabung macht Harry Potter überlegen, insbesondere den Muggeln. Muggel glauben noch nicht einmal an Magie. Wie soll sich ein christliches Kind auf dem Spielplatz dabei fühlen, wenn es durch solche elitäre Arroganz in Bezug auf Magie als ungläubig abgestempelt wird? Hilft ihm das zu verstehen, wie sich andere Minderheiten fühlen? Denn hinter den Stereotypen in *Harry Potter* steckt dieselbe Mentalität, die solche Übel wie Rassismus, Klassendenken und Sexismus hervorbringt. *[Anmerkung des Verlags: Allerdings hat dieses elitäre Denken auch eine positive Seite. Für Muggel ist es nämlich absolut sinnlos, sich mit Zauberei zu beschäftigen – sie werden es doch nie können. In der Harry-Potter-Story muss man eben zum Zauberer geboren sein. Wenn unsere Kinder das begreifen, werden sie hoffentlich nie in die Versuchung kommen, irgendwelche Zaubersprüche und Flüche auszuprobieren.]*

Da das Verwenden von Zaubersprüchen in den *Harry Potter*-Büchern eine so große Rolle spielt, sollten wir unsere Kinder zum Gebrauch ihrer eigenen geistlichen Waffen anhalten. Diese beruhen auf der niederschmetternden Niederlage Satans auf Golgatha: Dort hat Gott «die finsteren dämonischen Mächte entmachtet und in ihrer Ohnmacht bloßgestellt, als Christus über sie am Kreuz triumphierte» (Kolosser 2,15). Das ist der große Zauberspruch, der alle anderen Zaubersprüche zunichte macht! Insofern ist der Kampf, den wir führen, nur ein Nachscharmützel; der Sieg ist bereits gesichert.

Die geistliche Waffenrüstung, die in Epheser 6,13–18 beschrieben wird, beruht allein auf diesem entscheidenden Ereignis. In Bezug auf unsere beiden Angriffswaffen, das Wort Gottes und das Gebet, heißt es: «Die Waffen, mit denen ich kämpfe, sind die Waffen Gottes. Sie sind mächtig genug, jede Festung zu zerstören, jedes menschliche Gedankengebäude niederzureißen, einfach alles zu vernichten, was sich stolz gegen Gott und seine Wahrheit erhebt» (2. Korinther 10,4-5). Da dem so ist, müssen wir unsere Kinder befähigen und zurüsten, diese Waffen auf geistliche Weise zu gebrauchen.

Jeder christliche Elternteil, jeder Jugendarbeiter und Lehrer muss seinen Teil dazu beitragen, dass die Kinder in seiner Obhut das christliche Evangelium und das daraus erwachsende Weltbild vermittelt bekommen. Unsere Kinder sollten darin geschult sein, selbstständig ihr Wissen über den wahren und lebendigen Gott weiterzugeben, ohne das Gefühl zu haben, sich für ihren Glauben entschuldigen zu müssen. Sie sollten lernen, wie sie anderen raten können, um falsches Verhalten und okkulte Aktivitäten einen Bogen zu machen, ohne sich dabei wie Superheilige anzuhören. Wir sollten ihnen helfen, ihre eigenen geistlichen Gaben zu entdecken und herauszufinden, wie sie diese zum Segen anderer gebrauchen können. Da christlich orientierte Kinder und Jugendliche oft in einer gewissen Minderheit sind, sollten wir ihnen die Erkenntnis nahe bringen: «Der in euch ist, ist größer als der, der in der Welt ist» (1. Johannes 4,4). Lehren Sie sie auch den Wert der Gemeinschaft mit anderen Gläubigen, wenn sie sich viel in ihrer säkularen Umgebung bewegen!

Während sie diesen guten Kampf des Glaubens kämpfen, sollten unsere Kinder mit guten biblischen Texten und unseren anhaltenden Gebeten unterstützt werden, die auf ihre alltäglichen Bedürfnisse eingehen und die unter dem Einflussbereich des Heiligen Geistes tatsächlich das geistliche Klima verändern können.

---

Unser Ziel war es, einige der bedeutendsten Trends in unserer Kultur und die Art und Weise, wie sie sich auf unsere Kinder auswirken, unter die Lupe zu nehmen. Was nun im Speziellen die *Harry Potter*-Bücher betrifft, so haben wir uns um Augenmaß bemüht und es in das Ermessen derer gestellt, die mit Kindern zu tun haben, ob sie die Bücher von Joanne K. Rowling als eine geeignete Lektüre für ihre jeweiligen Schützlinge sehen oder nicht.

Das wird nicht jedem gefallen, ich weiß. Doch die Alternative einer vorgeschriebenen Lektüre-Liste würde uns allzu leicht von unserer Verantwortung, selbst nachzudenken, entbinden. Einem Kind den Weg zu vermitteln, den es gehen soll, ist nicht etwas, was wir anderen überlassen könnten – am allerwenigsten den säkularen Medien. Es ist *unsere* Aufgabe, und wir müssen sie unter liebevollem Gebet und mit viel Weisheit in Angriff nehmen.

Viele Kräfte trachten danach, den Verstand unserer Kinder zu formen, sei es zum Guten oder zum Bösen. Ob aus diesem Verstand einmal eine schöne, lebendige Skulptur wird oder aber ein schiefer, verzerrter Klumpen, wird weitgehend von den Werten abhängen, die ihnen ganz zu Anfang ihres Lebens vermittelt werden. Das Evangelium von Jesus Christus und alle Werke der Kunst, der Wissenschaft, Literatur und Unterhaltung, die zu barmherzigem Realismus in unserer Fürsorge für andere ermutigen – verbunden mit dem gesunden Ehrgeiz, zu den Menschen zu werden, die Gott aus uns machen möchte –, können zusammenwirken, um eine Generation hervorzubringen, die selbstbewusst, robust, weise und gnädig ist. Mögen sie die Kinder des wiedererstarkenden Glaubens sein, und mögen sie die Welt verändern.

# Der «Verschlingfaktor» ist hoch!

Es gibt überhaupt keine Zweifel: Die *Harry Potter*-Bücher haben die Welt bewegt, und sie tun es noch immer und werden es auch weiterhin tun. Bis zum 10. Januar 2001 sind weltweit 75 Millionen Exemplare verkauft worden. Damit schlug die 35-jährige Joanne K. Rowling sogar Erfolgsautoren wie etwa Stephen King.

Das ist in erster Linie mal eine großartige Sache für den gesamten Buchhandel. Wie oft hatte man in den letzten Jahren gehört: «Das Buch ist tot.» Und jetzt das! Rowlings Erfolg zeigt, dass das Buch allen Unkenrufen zum Trotz lebt. (Und das ist, mit Verlaub, eine der schönsten Botschaften, die es auch für christliche Verleger gibt. Denn wenn keine Bücher mehr gelesen würden, hätte es das Christentum mit seinem «Buch aller Bücher», der Bibel, noch viel schwerer, als dies jetzt schon der Fall ist.)

Ein weiterer Verdienst Rowlings besteht darin,

dass insbesondere *Kinder* wieder lesen. Wieviele Eltern waren in der Vergangenheit frustriert oder sogar verzweifelt, weil sie ihren Kindern das Lesen und die Liebe zum Buch nicht mehr schmackhaft machen konnten. Bücher? – Gähn! Kein Thema!

Hier ist nun aber eine völlige Kehrtwendung eingetreten. «Der Spiegel» schreibt in der ersten Januar-Ausgabe 2001: «Harry Potter – das war mal wieder die alte Gutenberg-Galaxie: Kinder müssen nicht immer nur fernsehen, sie können auch lesen und ihre eigene Phantasie gebrauchen. Harry Potter – das war auch ein Protest gegen eine technische Virtualisierung der Welt, die über das Raffinement ihrer Herstellung vergisst, dass Erwachsene und Kinder auch Märchen, Sinn und Orientierung brauchen.»

Es war ja in der Tat sensationell: Als das 4. Potter-Buch herauskam, lancierten Buchhandlungen Harry-Potter-Nächte. Um 23 Uhr wurden die ersten Bücher verkauft, und sie gingen weg wie warme Semmeln. Viel bewegender aber war das, was nachher geschah: Kinder, die soeben das Buch erstanden hatten, setzten sich sogleich auf die Bordsteinkante und begannen im Licht der Straßenlaternen zu lesen. Sie konnten, so ihre Aussage, einfach nicht mehr bis zu Hause warten.

All das ist ganz einfach mal positiv. Dazu kommt vieles, was John Houghton bereits erwähnt hat: Joanne Rowling ist eine intelligente Frau, und intelligent schreibt sie auch. Ihre Bücher sind voller Witz (vor allem voller Sprachwitz), und sie haben Humor. (Dass dieser Sprachwitz im Englischen viel ausgeprägter ist als in der deutschen Übersetzung, liegt in der Natur der Sache. Tatsache ist, dass Engländer sich beim Lesen manchmal krumm lachen.)

Mrs. Rowling kann schreiben, das steht außer Frage. Wenn Kritiker finden, ihre Bücher seien «äußerst schlechte und langweilige Literatur», dann ist dem heftig zu widersprechen. Klar, auch Christian Rendel, der Übersetzer dieses Buches, sagt zu Recht: «Ich mag die *Harry Potter*-Bücher ungemein. Aber Tolkien spielt schon noch in einer ganz anderen Liga!» Rowling ist bestimmt nicht das Nonplusultra. Aber sie ist eine gute Schriftstellerin. Wer das Gegenteil behauptet, hat Potter wahrscheinlich gar nie richtig gelesen. Solch überzogene Kritik hilft niemandem.

Christian Rendel, befragt nach der Faszination des Harry Potter, trifft es auf den Punkt: «Da ist dieser mythische Abenteuer-Aspekt. Man kann einfach sehr gut in dieser Story drin leben. Die Vorstellungskraft wird stark angesprochen.» Andere meinen: «Die Geschichte ist packend. Man kann gar nicht mehr mit Lesen aufhören.» Ganz offensichtlich gibt es hier einen ganz besonderen «Verschlingfaktor» (nicht zu verwechseln mit einem «Suchtfaktor»!). Die Dramatik ist hoch, die Wortspiele faszinieren, die Vielschichtigkeit spricht an. Dauernd gibt es neue Aspekte, witzige Einfälle, überraschende kleine Details.

Wenn man sich betreffend Harry Potter umhört, werden auch Dinge wie Freundschaft und Loyalität regelmäßig hochgehalten. Ebenso sei ne Unabhängigkeit, die ihn dazu befähigt, gegen den Strom zu schwimmen, sowie seine Zuverlässigkeit und Treue. Gelobt wird auch von vielen Christen, dass die Story a) überzeichnet und übertrieben ist, so dass es b) fast keine Bezüge zur Realität gibt. Ihr Fazit lautet: «Potter ist *immer* als Fiktion erkennbar. Die Trennung zwischen seiner (Phantasie-)Welt und unserer realen Welt ist immer klar gezogen.»

Die Sprache der Potter-Bücher wird darüber hinaus allgemein als «schnörkellos, einfach, geradlinig» bezeichnet, der Textverlauf als «stimmig und schlüssig». Man ist sich einig darin, dass Harry Potter für alle Generationen interessant und spannend zu lesen ist – jedenfalls soweit sie Fantasy mögen. (Für alle anderen wird Potter wohl keinerlei Reize enthalten.)

Ein letzter Pluspunkt, den wiederum unser Übersetzer anführt: «Harry ist nicht perfekt. Er steht dauernd in Entscheidungskonflikten, und er entscheidet sich hin und wieder auch falsch, findet zum Schluss aber immer wieder den richtigen Weg.»

Trotz all dieser Positiv-Faktoren war es für den Brunnen Verlag zwingend, dieses Buch von John Houghton zu veröffentlichen, das die allgemeine Euphorie ein wenig dämpft und da und dort auch einmal entschieden warnt. Es ist wahrlich nicht alles Gold, was hier glänzt.

Zum einen beschäftigte uns von Anfang an diese völlig säkulare Welt, in der diese Geschichte spielt. Eine Welt, in der es keine höhere Macht gibt, die im Hintergrund lenkt (wie es sonst im Genre der Fantasy-Geschichten eigentlich sehr üblich ist). Das ist nicht nur ein (uns) fremdes Weltbild, sondern womöglich auch ein starker literarischer Mangel. Ein Potter-Fan sagte es treffend: «Die Kinder würden gewinnen, wenn bei Rowling so ein Element drin wäre.»

Zum Zweiten teilten uns selbst eingeschworene Potter-Liebhaberinnen mit, dass sie als Lehrerinnen und Leiterinnen Mühe bekommen haben, im Unterricht mit Harry Potter zu arbeiten. So sagte beispielsweise eine Jugendlager-Betreuerin, selbst ein großer Potter-Fan: «Den ersten *Harry Potter*-Band wollte ich unbedingt mit den Kindern zusammen lesen. Ich war und bin begeistert davon. Auch beim zweiten war ich noch sehr positiv. Aber beim vierten Band dachte ich: Ich kann mir nicht vorstellen, dass die 8- bis 12-jährigen Kinder dieser Geschichte noch folgen können. Alles wurde plötzlich so kompliziert und so vertrackt. Also habe ich die Idee des Vorlesens fallen lassen.»

In der Tat bestätigen viele, dass die Altersangabe «für 8- bis 12-Jährige», mit der man oft für *Harry Potter* wirbt, nicht (mehr) ganz korrekt ist. Man kann behaupten: Das richtige Lesealter steigt pro Band um etwa ein Jahr. Das bedeutet, dass Band 4 eher für 11- bis 15-Jährige als für Jüngere angepriesen werden sollte. Hier tut man den Kindern unter 11 Jahren ganz sicher keinen Gefallen, zumal man davon ausgehen muss, dass das Alter des Zielpublikums mit den Bänden 5 bis 7 noch weiter steigen wird.

Schließlich folgt der dritte Punkt, der uns dazu veranlasste, dieses Buch von John Houghton zu publizieren: der Faktor Zauberei. Wenn es um Magie geht, wird ein pädagogisch Interessierter meistens eine gewisse Vorsicht an den Tag legen und sich fragen: «Woher weht der Wind? Was ist für ein Kind zumutbar? Was ist verkraftbar? Was ist überhaupt zu verantworten? Und wo gilt es, die Schutzzäune zu verstärken?»

Es gab relativ früh besorgte Stimmen, die diesbezüglich vor Harry Potter warnten. Ihrer Meinung nach ging Rowling zu weit – viel zu weit. Die Grenze zwischen fiktiver Zauberer-Welt und realem Okkultismus schien ihnen völlig verwischt, völlig aufgehoben. Sie sahen und sehen große Gefahren für die Kinder, die damit in Berührung kommen. Dazu kam, dass plötzlich ganz schreckliche Zitate – angeblich aus dem Mund von Joanne Rowling – im Umlauf waren, die den überraschten Leser nun wirklich verunsicherten, wenn nicht gar verstörten: Sätze, in denen die Person von Jesus Christus aufs Übelste verunglimpft und die dämonische Gegenseite über alles gepriesen und verherrlicht wurde. Joanne Rowling stand plötzlich als Satanistin da. Wären diese scheinbar im O-Ton wiedergegebenen Sätze, die offenbar der englischen Zeitschrift «London Times» entnommen waren, tatsächlich von Mrs. Rowling gewesen – man hätte nun allerdings sämtliche Alarmglocken läuten müssen, und zwar sofort.

Doch hier konnte glücklicherweise bald Aufklärung erfolgen. Recherchen ergaben, dass es

a) gar keine «London Times» gibt, sondern nur die berühmte «The Times», und dass sich b) Mrs. Rowling in ihrem Interview mit der «Times» (das uns vorliegt) in keinster Weise abschätzig über das Christentum oder über andere Religionen geäußert hat. Die Leute von der altehrwürdigen «Times» klärten uns auch darüber auf, dass das Ganze auf einem für sie sehr unangenehmen Missverständnis beruht: Es war nämlich das amerikanische Satire-Magazin «The Onion» («Die Zwiebel»), das dieses fiktive Interview mit Rowling in die Welt gesetzt und unter dem ebenso fiktiven Label «London Times» veröffentlicht hatte. (Eine Untat, für die uns jedes Verständnis fehlt.)

Als der Brunnen Verlag im November 2000 bei der «Times» nachfragte, sagte man uns dort, sie hätten nun bereits über 500 solcher besorgter Anfragen beantworten müssen. Man war dort froh, die Sache klären zu können, und war sehr stark um gute Information und Klarstellung bemüht. Dumm nur, dass viele Christen es nicht für nötig befanden, hier genauer zu recherchieren. Stattdessen kolportierten sie diese Geschichte, die zur modernen «Wander-Sage», zur Legende wurde. John Houghton spricht diesen deprimierenden Umstand auf Seite 19 sehr dezidiert an.

Hier kann also Entwarnung gegeben werden. Doch damit sind besorgte Gemüter natürlich noch nicht beruhigt. Wir waren es auch nicht. Zwar sagten viele Potter-Kenner: «Rowling lädt Kinder *nicht* zur Zauberei ein. Bei ihr muss man als Zauberer geboren sein. Muggel wie wir werden niemals zaubern können. Wer das nicht sieht, hat die Autorin falsch verstanden. Und die Zauberei bleibt bei Rowling sowieso immer reine Fiktion!»

Schön, wenn das alle so sehen. Doch hier sind Zweifel angebracht. Soeben hat der Ullstein Verlag das Buch eines so genannten «Inoffiziellen Harry-Potter-Fanclubs» herausgebracht: «Die Zauberschule». Das Buch ist bestimmt moderat, aber es ist eben genau der Beginn dessen, was man befürchtete: Viele junge Leserinnen und Leser von *Harry Potter* ziehen die Fiktion voll in ihre Realität hinein. Und beginnen, sich in gewissen Lebenssituationen (sprich: bei ungeliebten Lehrern, «Paukern» und anderen «unfairen» Erziehern) mit jeweils passenden Zaubersprüchen zu behelfen. Zaubersprüche, die jeder «unbedingt auswendig lernen» und die man «im Schlaf beherrschen» muss. Denn: «Übung macht den Meister!» Gut, das mag sein – aber diese Zaubersprüche sind nun mal nicht ganz ohne ...

Hier beginnt, ganz nett aufgezogen und durchaus witzig verfasst, das, was eigentlich keiner wollte (insbesondere wohl Rowling selbst nicht): Ein Lehrer oder Vater versucht dem Kind etwas zu vermitteln, doch statt einer positiven Reaktion riskiert er Verwünschungen und bekommt Flüche und Zaubersprüche zu hören. Das wäre dann das Ende aller Pädagogik-Konzepte. Wir könnten die Bücher von Erich Fromm, Heinrich Pestalozzi und Konsorten verbrennen; sie wären Makulatur. Und machen wir uns doch nichts vor:

Flüche wirken. Wer möchte denn beispielsweise den im Ullstein-Buch auf Seite 47 empfohlenen «Todesfluch» auf sich wissen? Spätestens hier ist doch wahrscheinlich «Schluss mit lustig».

An diesem Punkt wollte und will der Brunnen Verlag Gegensteuer geben. John Houghton hat das unserer Meinung nach sehr differenziert und überzeugend getan. Unser Fazit heißt: Harry Potter in den Bücher-Regalen unserer Kinder – das muss nicht sein. Wirklich nicht. Aber es *darf* sein. Wer seinen Kindern diese Bücher kauft, sie gleichzeitig selbst ebenfalls liest (was er dann aus Gründen der Verantwortlichkeit und der Pädagogik auch unbedingt tun sollte!) und danach mit seinem Sohn, seiner Tochter darüber redet, der wird mit Sicherheit gute Resultate erzielen. Stoff für viele spannende Diskussionen und auch für viel Gelächter und mannigfaltige Entdeckungen ist unbestreitbar gegeben. Denn wie gesagt: Der «Verschlingfaktor» ist hoch!

Der Verlag

# Einige Personen- und Ortsnamen aus den *Harry Potter*-Büchern

Die *Harry Potter*-Serie beinhaltet bisher:

* *Harry Potter und der Stein der Weisen*
* *Harry Potter und die Kammer des Schreckens*
* *Harry Potter und der Gefangene von Askaban*
* *Harry Potter und der Feuerkelch*

| | | |
|---|---|---|
| Harry Potter | – | der Held |
| Ron Weasley | – | der beste Freund |
| Hermine Granger | – | die Streberin |
| Ginny | – | Rons kleine Schwester |
| Hagrid | – | ein sentimentaler Riese |
| Dobby | – | ein befreiter Hauself |
| Malfoy | – | der Schul-Prahlhans |
| Dumbledore | – | der Schulleiter |

| | | |
|---|---|---|
| Snape | – | Leiter des Hauses Slytherin |
| McGonagall | – | Leiterin des Hauses Gryffindor |
| Sirius | – | Harrys Pate |
| Dementoren | – | die Folterknechte des Staates |
| Voldemort | – | der Dunkle Lord |
| Dursleys | – | Harrys Muggel-Pflegefamilie |
| Muggel | – | Nicht-Zauberer |
| Schlammblüter | – | Zauberer mit einem Muggel-Elternteil |
| Fudge | – | Zaubereiminister |
| Hogwarts | – | die Zaubereischule |
| Hogsmeade | – | Zaubererdorf in der Nähe der Schule |
| Winkelgasse | – | die Straße der Hexen und Zauberer in London |
| Gringotts | – | die Kobold-Bank |
| Quidditch | – | in der Luft ausgetragener Ballsport |